RECVEIL

DE CE QVI S'OBSERVE
EN LA IVSTICE
DES IVGE ET CONSVLS.

SECONDE PARTIE.

DE L'ORDRE ET CEREMONIE obseruée en leurs Elections, auec le Catalogue de ceux qui y ont esté éleus pour Juge & Consuls.

A PARIS,

Chez Sebastien Cramoisy, Imprimeur ordinaire
du Roy & de la Reine.

____

M. DC. LX.
Auec Priuilege de sa Maiesté.

ORDRE ET CEREMONIE

obſeruée pour l'élection d'vn Iuge & quatre Conſuls des Marchands à Paris, en ſuite de l'Edit de leur erection, & ainſi qu'il ſe pratique.

E Preuoſt des Marchands & Eſcheuins de la ville de Paris, en ſuite de l'Edit du Roy Charles IX. du mois de Nouembre 1563. portant erection & établiſſement d'vn Iuge & quatre Conſuls des Marchands en la ville de Paris, conuoquerent & aſſemblerent en l'Hoſtel d'icelle, conformément & ſuiuant le pouuoir à eux donné par ledit Edit, au vingt-ſeptiéme Ianuier *1564. le nombre de cent notables Marchands & Bourgeois de ladite ville, auſquels ils firent faire & preſter ſerment d'élire en leurs conſciences cinq notables Marchands, dont d'vn pour Iuge, & quatre pour Conſuls, pour vne année ſeulement, & autres quatre deſdits cent Marchands pour eſtre Scrutateurs de ladite élection, qui lors auroit eſté faite à la pluralité des voix. Aprés laquelle élection, les perſonnes éleuës pour leſdites

*1563.

charges, furent par lefdits Efcheuins prefentées à la
Cour de Parlement, où elles prefterent le ferment,
s'eftant ladite Cour par la verification dudit Edit re-
feruée à elle feule ce pouuoir.

Mais à prefent la forme de ladite élection eft autre,
& on y procede en l'ordre qui fuit.

Trois iours auparauant ladite élection, qui fe fait
la veille de la fefte de la Chandeleur, ou vn iour auparauant, en cas que ladite veille foit iour d'Audience; les Iuge & Confuls en charge font deliurer par leur
Greffier aux Huiffiers Audienciers vne commiffion,
pour fignifier à tous les anciens Iuges & Confuls, aux
Maiftres & Gardes des Corps des Marchands de cette
ville, & à nombre de Marchands de vin, poiffon de
mer, grauele, bois, laine, Libraires & Teinturiers,
qu'ils ayent à fe trouuer la veille de ladite élection en
leur falle iudiciaire, pour affifter & accompagner au
feruice folennel qui fe dit & celebre en l'Eglife de S.
Mederic pour le repos des ames des defunts Iuges &
Confuls, & pareillement le lendemain iour de ladite
élection au mefme ordre à la Meffe du S. Efprit, qui
fe celebre en ladite Eglife : allans & reuenans de laquelle Eglife lefdits Iuge & Confuls, & leur compagnie, font affiftez de leurs quatre Huiffiers & de leur
Greffier marchans deuant eux en ces ceremonies.

Et au iour de l'élection, au retour de la celebra-
tion de la Meffe, lefdits Iuge & Confuls entrent au
Siege auec leur Greffier & fon Commis, & ayant ledit Greffier fait lecture de ladite commiffion, appelle
à haute voix par noms & furnoms lefdits anciens Iuges & Confuls, Maiftres & Gardes, & autres perfon-

nes mandées, & recueille d'eux auec fondit Commis dans leurs tocques les billets baillez aufdits affiftans, où leurs noms & furnoms font écrits. Aprés quoy le Iuge en charge ayant pris leur ferment de proceder à ladite élection auec fincerité, & de nommer, choifir & élire pour l'exercice defdites charges perfonnes de probité, capables & bien viuantes; tous lefdits billets font balotez & brouïllez dans les tocques dudit Greffier & fon Commis, & remis en celle dudit Greffier, de laquelle ledit fieur Iuge en tire trente qu'il met en la tocque dudit Commis, & iette le furplus à terre; & font les trente tirez, les électeurs auec lefdits fieurs Iuge & Confuls en charge : defquels trente billets font tirez deux, fçauoir vn par ledit fieur Iuge, & l'autre par le premier Conful, lefquels deux tirez font Scrutateurs de ladite élection, & fe mettent auec ledit Greffier & fon Commis fur le fiege où d'ordinaire ils écriuent : & donnent premierement lefdits fieurs Iuge & Confuls en charge, & lefdits deux Scrutateurs leurs voix ; puis le premier Scrutateur appelle les vingt-huit Electeurs, reftans (fur lefdits billets) lefquels les vns aprés les autres donnent leurs voix, qui font recueillies & écrites par lefdits Greffier & Commis, & comptées, le tout en prefence defdits Scrutateurs : & demeurent les éleus pour premiers ou derniers, felon le plus ou moins de voix qu'ils ont.

S'il arriue que deux defdits nommez & éleus ayent pareil nombre de voix, leurs deux noms font mis en deux billets de papier de pareille grandeur, qui font meflez & balotez dans la tocque dudit Greffier, & le premier qui eft tiré par le Iuge, precede de la primauté celuy demeuré en ladite tocque.

Nul n'eſt admis en la charge de Iuge, qu'il n'ait premierement exercé celle de Conful.

Ladite élection eſtant faite, leſdits Iuge & Confuls en charge vont aduertir ceux qui ont eſté éleus, accompagnez de leur Greffier & de leurs Huiſſiers; puis viſiter Noſſeigneurs les Premier Preſident, Procureur General, & Aduocats Generaux, pour leur donner aduis de ladite élection, & prendre l'heure pour ſe rendre à la Cour de Parlement; & le iour d'Audience Conſulaire ſuiuant ladite élection, leſdits nouueaux éleus ſont preſentez à la Cour pour preſter le ferment, par mondit Seigneur le Procureur General, ou l'vn deſdits ſieurs Aduocats Generaux, les Iuge & Confuls ſortans de charge preſens. Aprés laquelle preſtation de ferment, leſdits nouueaux & ſortans de charge reuiennent de compagnie en la maiſon Conſulaire; où aprés auoir entendu la Meſſe, ſont leſdits nouueaux inſtalez au ſiege par leſdits ſortans, qui y demeurent pour les aſſiſter pendant la matinée entiere.

La femaine ſuiuante de l'inſtalation deſdits éleus, ils font deliurer par leur Greffier, & ſignifier par leurs Huiſſiers Audienciers aux Maiſtres & Gardes des Corps & Communautez des Marchands de cette ville, commiſſions à eux adreſſantes, à ce qu'ils ayent à élire & choiſir certain nombre de Marchands de leurs Corps & Communautez, pour aſſiſter leſdits Iuge & Confuls à tour & par femaine de conſeil és iours d'Audience & extraordinaires qu'ils feront mandez, à peine d'amende contre les defaillans.

DE LA PROPRIETE' DV GREFFE.

LES premiers Iuge & Confuls éleus en vertu du pouuoir à eux donné par l'Edit de leur erection, de choifir pour leur Greffier telle perfonne qu'ils auiferoient, comme eft porté par le vingtiéme article dudit Edit, pourueurent de cette charge M. Nicolas Tercellier, qui en auroit iouï comme nommé par eux, aux droits y attribuez. Depuis lequel temps cette charge auroit efté erigée en titre d'Office, & ledit Tercellier traité & iouï d'icelle auec attribution de plus grands droits : puis auroit efté reünie au Domaine, & reuenduë par plufieurs fois, auec augmentation de droits, iufques en l'année 1617. que fa Maiefté par Arreft de fon Confeil auroit ordonné qu'en rembourfant par lefdits Iuge & Confuls, les proprietaires des Greffes tant ancien que des prefentations, parifis & places de Clercs de leur Iurifdiction, en payant à fon Efpargne certaine fomme de deniers, ils feroient remis en poffeffion defdits Greffes & places de Clercs ; ce qui auroit efté fait au moyen defdits rembourfement & payement, à la charge neantmoins de moderer & reduire lefdits droits.

Laquelle moderation & reduction auroit efté faite de temps en temps, en forte qu'il ne fe leue plus à prefent que ce qui eft porté par le Reglement du 23. Decembre 1643. qui fe voit en la page 160. de la premiere partie.

Depuis laquelle année 1617. lefdits Greffiers & places de Clercs ont esté exceptez par plusieurs Arrests du Conseil, de toutes encheres & reuentes, & lesdits Iuge & Consuls déchargez de plusieurs creations & établissemens que l'on vouloit faire en ladite Iurisdiction, comme Clercs d'Audience, Controolleurs de Greffe, Greffiers alternatifs & triennaux, & Premier Huissier auec attribution de deux sols pour l'appel de chacune cause ; & encore de certaines taxes faites sur lesdits Greffes pour la confirmation d'heredité d'iceux, & Marc d'or , à cause de l'augmentation du droit de presentation , & plusieurs autres; lesdites décharges accordées moyennant quelques sommes payées és coffres du Roy.

La Iurisdiction desdits Iuge & Consuls a esté pareillement déchargée de la creation faite de Procureurs Postulans en icelle , ladite décharge portée par vn Arrest du Conseil de sa Maiesté du dixiéme Ianuier 1630. transscrit au liure des Chartes de ladite Iurisdiction.

Auquel liure sont aussi transscrits deux Arrests de la Cour de Parlement interuenus sur le requisitoire de Monsieur le Procureur General, des huitiéme Iuillet 1613. & cinquiéme Feurier 1618. & Ordonnances desdits Iuge & Consuls sur iceux, portans que l'Edit de l'erection de la Iurisdiction sera executé , & que les parties seront tenuës comparoir en personnes, & en cas d'absence ou maladie par leurs femmes, enfans,ou l'vn de leurs seruiteurs , facteurs, parens, voisins & amis, auec procuration speciale ; & defenses à toutes personnes de prendre qualité de Procureur Postulant en ladite Iurisdiction, aux Iuge d'admettre & rece-

uoir

uoir à occuper & poſtuler pour les parties aucuns
Procureurs Poſtulans, & à eux d'y occuper & faire ladite charge à peine de punition exemplaire.

DE LA CREATION ET
établiſſement des Huißiers en ladite
Iuriſdiction Conſulaire.

PAR l'Edit de la creation & erection des Iuge &
Conſuls, il n'y eut aucuns Huiſſiers Audienciers
creez, & furent feruis par Sergens du Chaſtelet aſſez
long-temps, & meſme iuſques en l'année 1595. que
par Edit il fut creé deux Huiſſiers en ladite Iuriſdiction, auec attribution de douze deniers pour l'appel
de chacune cauſe : lequel Edit fut verifié en Parlement,
à la reſtrinction neantmoins dudit droit d'appel de
cauſe, ſuiuant laquelle verification leſdits deux Huiſ-
fiers Audienciers furent receus & inſtalez, & firent ſeuls
ladite fonction d'Huiſſiers Audienciers, iuſques en
l'année 1619. qu'vn particulier fit renaiſtre & paroiſtre
au iour vn autre Edit de 1587. portant creation de deux
Huiſſiers en toutes les Iuriſdictions Royales de France, en vertu duquel deux autres Huiſſiers furent encore receus & inſtalez en ladite Iuriſdiction Conſulaire, nonobſtant l'oppoſition deſdits Iuge & Conſuls qui n'eſt encore vuidée, non plus que l'inſtance
qui eſt entre eux & leſdits Huiſſiers pour le reglement de leurs droits.

DV SEEL.

LE Preuoſt de Paris pretend que le Seel, auec le-quel on ſcelle les Sentences & Iugemens emanez des Iuge Conſuls, eſt celuy de ſa Iuriſdiction ; & ainſi que la connoiſſance de ce qui interuient en execution luy appartient: mais ſes pretentions ſont mal appuyées, puiſque par Arreſt du Conſeil du 14. May 1619. tranſ-ſcrit audit liure des Chartes, le Roy a ordonné que par les Commiſſaires deputez pour la reuente & adiu-dication des petits Seaux, le petit Seau de la Iuriſdi-ction Conſulaire ſera vendu & adiugé ſeparément, & l'acquereur d'iceluy tenu de commettre homme ca-pable en la maiſon où s'exerce ladite Iuriſdiction, le-quel ſcellera les Sentences & Iugemens d'icelle d'vn Seau à part & ſeparé de celuy du Chaſtelet, & ne ſer-uira que pour la Iuriſdiction deſdits Iuge & Conſuls.

Y a pluſieurs autres Arreſts que ceux cy-deuant tranſſcrits, qui ſont dans le coffre où l'on met les Chartes & titres de la maiſon Conſulaire. Aucuns deſquels ſont auſſi tranſſcrits dans le liure deſdites Chartes, qui concernent auſſi la proprieté du Greffe, & font mention de la manutention & conſeruation de la Iuriſdiction Conſulaire.

ROLLE DES NOMS ET SVRNOMS

de tous les *Marchands Bourgeois de Paris*, qui ont esté éleus *Juges & Consuls des Marchands* en ladite ville, suiuant *l'Edit de leur erection*, donné à *Paris au mois de Nouembre* 1563. par le *Roy Charles IX.*

EXTRAIT DES REGISTRES DE

la *Jurisdiction des Iuge & Consuls.*

PREMIEREMENT, suiuant ledit Edit, Messieurs les Preuost des Marchands & Escheuins de ladite ville ont fait assemblée le vingt-septiéme iour de Ianuier l'an *1563. de cent notables Marchands & Bour-geois en l'Hostel de ville, ausquels ils ont fait faire le ferment d'élire en leur conscience cinq notables Marchands en icelle, pour exercer ledit fait & charges pour vne année seulement, dont l'vn pour Iuge & les quatre autres pour Consuls des Marchands, & quatre d'entre eux pour Scrutateurs en ladite ele-ction.

Ce qu'ils auroient fait, & auroit esté trouué à la pluralité des voix, que les Sires *Henry l'Aduocat, François Garrault, Iean Daubray* & *Claude Heruy* se-roient demeurez Scrutateurs de ladite élection.

A l'instant par lesdits cent Marchands pour ce appellez auroit esté fait par chacun vn billet, où ils au-roient écrit les noms de cinq Marchands, dont l'vn

* 1564.

Voyez l'A... ...ment de la I. Partie.

pour Iuge , & quatre pour Confuls, qu'ils auroient porté en vn chapeau, & aprés que chacun d'eux a eu porté fon billet dans ledit chapeau, lefdits Scrutateurs ont iceluy pris & porté au Bureau de la ville, pour en tirer & faire le Scrutin ; ce qu'ils auroient fait & rapporté en pleine affemblée, lequel auroit efté leu publiquement.

Où fe feroit trouué à la pluralité des voix eftre demeuré pour le i. IVGE des Marchands

Sire IEAN AVBRY le ieune, nagueres Efcheuin, Marchand , demeurant ruë neuue S. Mederic, pour auoir eu 54. voix à Iuge.

POVR I. CONSVL,

Sire NICOLAS BOVRGEOIS l'aifné, Marchand Pelletier, Bourgeois de Paris, demeurant prés les Carneaux, pour auoir eu 58. voix à Conful.

II. CONSVL,

Sire HENRY L'ADVOCAT, nagueres Efcheuin , Marchand Mercier, demeurant ruë S. Denys, pour auoir eu 48. voix à Conful.

III. CONSVL,

Sire PIERRE DE LA COVRT l'aifné, Marchand de vins & poiffon de mer, demeurant és halles, pour auoir eu 42. voix à Conful.

IV. CONSVL,

Sire CLAVDE HERVY, Marchand Mercier, demeurant ruë S. Denys, pour auoir eu 41. voix à Conful.

Et le premier iour de Feurier 1564. lefdits fieurs Aubry, Bourgeois, l'Aduocat, de la Court & Heruy, auroient efté conduits en la Cour de Parlement par les sieurs Claude Marcel & Claude le Prestre Escheuins, qui les auroient presentez en icelle, pour prester le serment de bien & deuëment exercer lesdits faits & charges, aux clauses & conditions dudit Edit, seant lors au siege Messire Christophle de Thou, Cheualier & Premier President, & en presence de M^{rs} le Duc de Montmorency Mareschal de France, Gouuerneur & Lieutenant General pour le Roy en ladite ville de Paris, & le sieur........ Conseiller au Priué Conseil du Roy seant en ladite Cour.

Ce fait, se seroient transportez lesdits sieurs Iuge & Consuls, accompagnez, comme dit est, desdits sieurs Marcel & le Prestre, en l'Hostel de Ville : par lesquels auroit esté requis aux Preuost des Marchands & Escheuins de vouloir faire assemblée audit Hostel de Ville de cinquante Marchands, pour auiser par eux quelle somme l'on leueroit sur la Communauté de tous les Marchands, pour faire l'achat & bastiment de la place ; comme aussi pour nommer dix d'entre eux pour faire le département & taxe de la somme qui seroit accordée, suiuant ce qu'il leur estoit mandé & ordonné par ledit Edit du Roy de leur erection: ce qui leur auroit esté par eux accordé.

Et ledit iour de releuée se seroient les Iuge & Consuls transportez audit Hostel de Ville, pardeuant les Preuost des Marchands & Escheuins, lesquels ils auroient prié & requis proceder à l'execution de leur requisitoire, entant que les cinquante Marchands par eux mandez estoient à ce presens: par lesquelsdits Preuost des Marchands & Escheuins auroit esté procedé en la forme & maniere qui s'ensuit.

Premierement ils auroient fait prefter le ferment aufdits cinquante Marchands , de declarer & dire à leur auis, quelle fomme de deniers il fe leueroit fur tous les Marchands, pour fubuenir à l'achat & bafti-ment de la place commune, fans grandement les fou-ler : & aprés qu'ils auroient fur ce chacun en particu-lier donné leurs auis, auroit efté trouué à la plura-lité des voix, qu'il feroit leué iufques à la fomme de vingt mille liures tournois.

Ce fait & à l'inftant ledit Preuoft des Marchands leur auroit fait derechef prefter le ferment, qu'en leur confcience ils nommeroient dix notables Marchands Bourgeois de ladite ville bien renommez, pour pro-ceder au département & taxes fur chacun Marchand en particulier , felon leur capacité, pour leuer & re-couurer fur eux ladite fomme de vingt mille liures, eftant ainfi par eux accordée. Et pour ce faire, qu'ils écriroient chacun en vn petit papier le nom & fur-nom des dix Marchands qu'ils entendoient élire pour faire ledit département & charges; lequel billet ils por-teroient en vn chapeau; auffi qu'ils nommeroient à haute voix quatre d'entre eux pour Scrutateurs de leurs billets. Ce qui auroit efté fait, & feroient demeurez pour Scrutateurs les Sires *Iean Daubray*, *François Gar-rault*, *Loüis de Creil*, & *Claude Regnauld*, qui auroient femblablement prefté le ferment de faire rapport à la verité des perfonnes qui auroient voix pour faire la-dite taxe de ladite fomme de vingt mille liures. Ce fait, auroient pris ledit chapeau dedans lequel eftoient lefdits billets, qu'ils auroient porté au petit Bureau dudit Hoftel de Ville, pour aprés auoir par eux tiré

& fait le Scrutin , le rapporter aufdits Preuoſt des
Marchands & Eſcheuins, qui en auroient fait faire lecture à haute voix à toute ladite compagnie ; & ſe ſeroit trouué eſtre demeurez pour faire & proceder à
ladite taxe & département de ladite ſomme de vingt
mille liures tournois, les Sires

1. Claude Choart.
2. Louïs de Creil.
3. François Garrault.
4. Nicolas Preuoſt.
5. Claude de Paris l'aiſné.
6. Eſtienne de la Dehors.
7. Claude Thuault l'aiſné.
8. Iean Daubray.
9. Michel Paſſart.
10. Richard Touſtin.

Auſquels ledit Preuoſt des Marchands auroit fait preſter le ſerment, qu'en leur conſcience ils procede-
roient au fait, taxe & département de ladite ſomme
de vingt mille liures tournois; ce qu'ils auroient promis & iuré faire.

Et le Lundy ſeptiéme iour dudit mois de Feurier
1564. leſdits ſieurs Aubry, Bourgeois, l'Aduocat, de
la Court & Heruy, Iuge & Conſuls des Marchands ſe
feroient mis au ſiege en la ſalle du logis Abbatial de
l'Abbaye de S. Magloire, ruë S. Denys, où ils auroient
commencé à rendre Iuſtice au peuple, comme il leur
eſtoit enioint par l'Edit de leur erection.

M. D. LXV.

Povr l'élection d'vn Iuge & quatre Conſuls des 1565.

Marchands pour l'année 1565. y auroit esté procedé par lesdits sieurs Aubry, Bourgeois, l'Aduocat, de la Court & Heruy, Iuge & Consuls des Marchands, par la forme & maniere qui ensuit.

Premierement , du trentiéme & penultiéme iour de Ianuier 1565. auroit esté fait commandement suiuant & comme il est ordonné par l'Edit du Roy de leur erection, par Denys Voyer Sergent, par vertu du roolle & Ordonnance desdits Iuge & Consuls, en datte du vingt-neufiéme dudit mois, de se trouuer en leur salle Iudiciaire le Ieudy ensuiuant à deux heures de releuée, qui estoit le premier iour de Feurier veille de la Chandeleur, pour proceder à ladite élection, auquel iour & heure ils se seroient trouuez.

Par lequel sieur Aubry leur auroit esté remonstré, comme pour proceder à ladite élection & nomination de cinq personnes, dont l'vn pour Iuge & quatre pour Consuls, il estoit necessaire de regarder s'ils estoient gens de bien, Catholiques, bien viuans & de bonne conscience, non vindicatifs ny fauorables à personne, ayans moyen de vacquer vne année audit fait & charge, sans que telle charge fust cause de leur ruine, aussi qu'ils ne pussent estre adiournez pour payer leurs debtes, entant que ce seroit vn scandale.

Ce fait, auroit par eux esté demandé à la compagnie, comment ils entendoient que l'on procedast à la nomination, sçauoir s'ils vouloient que ce fust par billotes, ou à haute voix ; où auroit esté trouué à la pluralité des voix, que chacun d'eux écriroit son nom en vn petit billet de papier qu'ils ïetteroient dans vn chapeau, desquels en seroient tirez trente, lesquels

seroient

feroient mis dans vn autre chapeau en la prefence de toute la compagnie, lefquels trente demeureroient éle-cteurs defdits Iuge & Confuls. Ce fait, ledit fieur Aubry Iuge auroit fait prefter le ferment à tous les Bourgeois, qu'en leur confcience ils nommeroient gens capables pour exercer lefdits fait & charges, en ce qu'ils fe trouueroient des trente qui feroient de-meurez pour électeurs, dautant qu'il ne feroit poffi-ble de fçauoir qui feroient des trente demeurez; & que les deux premiers defdits trente qui feroient tirez dudit chapeau par le Greffier, feroient Scrutateurs de l'élection, & que ladite élection fe feroit à haute voix, & feroit commencée par ledit fieur Aubry Iu-ge, & aprés par lefdits Confuls felon leurs degrez, par aprés par les deux Scrutateurs, & en fuite par les vingt-huit qui refteroient au chapeau, & feront par eux declarez les noms & furnoms des perfonnes qu'-ils éliroient : lequel Scrutin fe feroit publiquement en prefence de toute la compagnie, auant que de partir du lieu, pour fçauoir qui feroient ceux qui demeu-reroient , pour éuiter qu'aucune fauffeté ne fuft faite.

Le tout qui auroit efté accomply de point en point par ledit fieur Aubry Iuge, & feroient demeurez pour Scrutateurs les Sires *Iean de Dampmartin* & *Iean de Compans* , lefquels auroient trouué par leur Scrutin qui auroit efté leu publiquement en ladite affemblée, eftre demeuré pour

I V G E

Le Sire C L A V D E L E P R E S T R E , Marchand de vin & de poiffon de mer, demeurant ruë Coffonnerie, pour auoir eu trente-vne voix à Iuge.

I. CONSVL

Le Sire CLAVDE REGNAVLT dudit eftat, demeurant ruë aux Prefcheurs, pour auoir eu 28. voix à Conful.

II. CONSVL

Le Sire VAAST BOVRDIN, Marchand Apoticaire & Efpicier, demeurant ruë Coffonnerie, pour auoir eu 24. voix à Conful.

III. CONSVL

Le Sire LOVIS DE CREIL, Marchand Mercier, demeurant ruë S. Denys, pour auoir eu 20. voix à Conful. *Que pour auoir efté tiré au billet contre le fieur Iean de Dampmartin, qui auoit eu autant de voix, pour auifer lequel precederoit.*

IV. CONSVL

Le Sire IEAN DE DAMPMARTIN, Marchand Drapier, demeurant ruë S. Honoré, pour auoir eu 20. voix à Conful.

Lequel Scrutin auroit efté mis au net, où auroit efté inferé tous les noms & furnoms de perfonnes qui auroient eu voix; & par lefdits fieurs Aubry, Bourgeois, l'Aduocat, de la Court & Heruy Iuge & Confuls, auroit efté dreffé vne requefte adreffée à Noffeigneurs de Parlement en ladite ville, par laquelle ils fupplioient ladite Cour vouloir receuoir & faire faire le ferment audit le Preftre, Regnault, Bourdin, de Creil & Dampmartin, d'exercer ledit fait & charge en leur lieu pour ladite année 1565. laquelle requefte & Scrutin ils auroient figné.

Et le   iour dudit mois de Feurier lefdits

ſieurs Aubry, Bourgeois , l'Aduocat, de la Court &
Heruy, auroient conduit leſdits ſieurs le Preſtre, Regnault , Bourdin, de Creil & de Dampmartin , en la
Cour de Parlement, où ils auroient fait preſter le ſerment d'exercer le fait & charge pour ladite année. Ce
fait, auroient eſté conduits dudit Palais en l'Egliſe de
S. Magloire, chacun par leurs degrez , où ils auroient
ouï la Meſſe ; & aprés la Meſſe dite , les auroient conduits en la ſalle de la Iuriſdiction audit lieu de S. Magloire, où ils les auroient établis & mis en ſiege ſelon
leur nomination & élection, & les auroient aſſiſtez
au conſeil pour les inſtruire par le temps & eſpace de
quinze iours ou trois ſemaines.

M. D. LX VI.

P o v r l'élection d'vn Iuge & quatre Conſuls des 1566.
Marchands pour l'année 1566. y auroit eſté procedé
par leſdits ſieurs le Preſtre, Regnault, Bourdin , de
Creil & de Dampmartin en la ſorte & maniere qui
enſuit.

Premierement , ont fait faire commandement à
ſoixante notables Marchands Bourgeois de ladite ville , d'eux trouuer le dernier iour de Ianuier 1566. en
leur ſalle Iudiciaire à huit heures du matin, pour proceder à nouuelle élection.

A laquelle aſſignation ſe ſeroient leſdits Marchands
trouuez, leſquels, enſemble leſdits Iuge & Conſuls,
ſeroient allez en l'Egliſe S Magloire, où on auroit
dit & celebré vne haute Meſſe du S. Eſprit, où ils auroient aſſiſté & eſté à l'offerte, & aprés ladite Meſſe
dite & celebrée ſe ſeroient retirez en la ſalle Iudiciaire:

auquel lieu ils auroient procedé à l'élection par la forme & ainſi qu'il auoit eſté fait en l'année precedente par ledit ſieur Aubry Iuge premier.

. Où à la pluralité des voix ſeroient demeurez pour Scrutateurs de ladite élection les Sires *Thomas la Macque* & *Guillaume Boucher*, leſquels auroient trouué par leur Scrutin eſtre demeuré pour

IVGE

Le Sire CLAVDE MARCEL, Marchand Orfevre Bourgeois de Paris, demeurant ſur le Pont aux Changeurs, pour auoir eu 32. voix à Iuge.

I. CONSVL

Le Sire IEAN DAVBRAY, Marchand Mercier, demeurant ruë ſaint Denys, pour auoir eu 32. voix à Conſul.

II. CONSVL

Le Sire FRANÇOIS GARRAVLT, Marchand Mercier, demeurant ruë ſaint Denys, pour auoir eu 24. voix à Conſul.

III. CONSVL

Le Sire ANDRE ROCH, Marchand Drapier, demeurant ſous la Tonnellerie, pour auoir eu 23. voix à Conſul.

IV. CONSVL

Le Sire IEAN DE LA BRVIERE, Marchand Apoticaire & Eſpicier, demeurant ruë ſaint Denys, pour auoir eu 18. voix à Conſul.

Par leſquels ſieurs le Preſtre, Regnault, Bourdin, de Creil & de Dampmartin auroit eſté au ſemblable fait mettre au net le Scrutin, & dreſſé vne requeſte pour preſenter à la Cour, qu'ils auroient ſignée.

Et le quatriéme iour de Feurier 1566. lefdits fieurs le Preftre, Regnault, Bourdin, de Creil & de Dampmartin auroient conduit en ladite Cour de Parlement lefdits fieurs Marcel, Daubray, Garrault, Roch & de la Bruiere, où ils auroient prefté & fait le ferment: lefquels à l'inftant les auroient conduits en l'Eglife S. Magloire, où ils auroient ouï Meffe, & en aprés les auroient conduits en la falle Iudiciaire, auquel lieu ils les auroient établis en leurs fieges.

M. D. LXVII.

Povr l'élection d'vn Iuge & quatre Confuls des Marchands pour l'année 1567. y a efté procedé par lefdits fieurs Marcel, Daubray, Garrault, Roch & de la Bruiere, le Ieudy 30. & penultiéme Ianuier 1567. en la forte & maniere que l'année precedente.

Et font demeurez pour Scrutateurs les Sires *Iean Aubery* & *Iean Meufnier*, qui ont trouué par leur Scrutin eftre demeuré pour

IVGE

Le Sire IEAN MENANT, Marchand de vin, demeurant ruë Truanderie, pour auoir eu 28. voix à Iuge.

I. CONSVL

Le Sire NICOLAS HAC, Marchand Drapier, demeurant ruë Fromagerie, pour auoir eu 29. voix à Conful.

II. CONSVL

Le Sire IEAN DE LA BISTRATE, Marchand de vin & de poiffon de mer, demeurant aux halles deuant le Pillory, pour auoir eu 28. voix à Conful.

III. CONSVL

Le Sire IEAN LE IAY, Marchand Mercier, de-meurant ruë faint Denys, pour auoir eu 24. voix à Conful.

IV. CONSVL

Le Sire CLAVDE DE PARIS, Marchand Efpicier, demeurant ruë au Feuure, pour auoir eu 19. voix à Conful.

Et le Samedy premier iour de Feurier 1567. lefdits fieurs Marcel, Daubray, Garrault, Roch & de la Bruie-re auroient conduit en la Cour de Parlement lefdits fieurs Menant, Hac, de la Biftrate, le Iay & de Paris, où ils les auroient prefentez, enfemble le Scrutin de leur élection, & requefte fignez d'eux : lefquels à l'in-ftant les auroient conduits en l'Eglife faint Magloire, où ils auroient ouï Meffe, & aprés les auroient con-duits en ladite falle Iudiciaire, auquel liou ils les au-roient inftalez en leurs fieges.

Et le Lundy enfuiuant troifiéme iour dudit mois de Feurier lefdits fieurs Menant, Hac, de la Biftrate, le Iay & de Paris auroient tenu le fiege.

M. D. LXVIII.

1568. POVR l'élection d'vn Iuge & quatre Confuls des Marchands pour l'année 1568. y a efté procedé par lefdits fieurs Menant, Hac, de la Biftrate, le Iay & de Paris, le Ieudy vingt-neufiéme iour de Ianuier 1568. en la maniere & de la forte precedente.

Et font demeurez pour Scrutateurs *Claude Regnault* l'aifné, & *Iean Brice*, qui ont trouué par leur Scrutin eftre demeuré pour

IVGE

Le Sire PIERRE HAVTEMENT, Marchand Orfeure , demeurant ſur le Pont aux Changeurs, pour auoir eu 20. voix à Iuge.

I. CONSVL

Sire FRANÇOIS THIAVLT, Marchand de vin, demeurant ruë Comteſſe d'Arthois, pour auoir eu 14. voix à Conſul.

II. CONSVL

Le Sire NICOLAS DE BOVRGES, Marchand Apoticaire & Eſpicier, Bourgeois de Paris, demeurant ruë S. Denys, pour auoir eu 13. voix à Conſul.

III. CONSVL

Le Sire FRANÇOIS BONNART , Marchand Pelletier, Bourgeois de Paris, demeurant ruë S. Denys, pour auoir eu 12. voix à Conſul.

IV. CONSVL

Le Sire PIERRE BOVRSIER , Marchand Mercier, Bourgeois de Paris, demeurant ruë S. Denys, pour auoir eu 11. voix à Conſul.

Et le Samedy trente-vniéme & dernier iour dudit mois de Ianuier 1568. leſdits ſieurs Menant, Hac , de la Biſtrate, le Iay & de Paris, auroient conduit en la Cour de Parlement leſdits ſieurs Hautement, de Bourges, Bonnart & Bourſier , où ils les auroient preſentez, enſemble le Scrutin de leur élection, & requeſte ſignez deſdits Menant & conſors.

Par lequel ſieur Hautement auroit eſté fait pluſieurs remonſtrances, pour eſtre déchargé de ladite charge : de fait, que par Arreſt de ladite Cour donné dudit iour & en leur preſence, ſur ce ouï le Procu-

reur General, la Cour auroit receu ledit Hautement
en ſes excuſes, & ordonné qu'en ſon lieu il ſeroit procedé à nouuelle élection d'vn autre.

Ce fait, à l'inſtant auroit fait preſter le ſerment
auſdits ſieurs de Bourges, Bonnart & Bourſier.

Et ledit iour auroient eſté enſemble tous les anciens Iuges & Conſuls, pour auiſer qui ſeroit de faire
ſur ledit Arreſt de la Cour : auroit eſté auiſé que l'on
ſe retireroit vers la **Maieſté** du Roy ; ce qui auroit eſté
fait, & obtenu Lettres patentes du 4. iour de Feurier
1568. ſignées de Laubeſpine, par leſquelles le Roy,
pour aucunes conſiderations à ce le mouuant, pour
cette fois & ſans tirer à conſequence, auroit excuſé
& déchargé ledit Hautement de la charge de Iuge des
Marchands : & aprés auoir ouï l'auis d'aucuns notables Marchands, auroit ordonné que le Sire Henry
l'Aduocat Marchand, Bourgeois de cette ville de Paris, exerceroit la charge de Iuge des Marchands par
prouiſion, & iuſques à ce qu'autrement y euſt eſté
pourueu ; enioignant à la Cour de Parlement de receuoir ſeulement le ſerment dudit l'Aduocat, & de
ceux qui par aprés feront éleus Iuges & Conſuls des
Marchands, ſans prendre aucune connoiſſance deſdites élections ; laquelle il leur auroit defendu & in-
terdit ſuiuant l'Edit de l'établiſſement deſdits Iuge &
Conſuls des Marchands ; & pour ce faire auroit fait
expedier ſes lettres de commiſſion, adreſſantes à Noſſeigneurs tenans ladite Cour de Parlement à Paris.

Suiuant leſquelles lettres auroit eſté preſenté requeſte auſdits Seigneurs de Parlement par leſdits Menant & conſors, annexées leſdites lettres & commiſ-

ſion,

fion, pour faire prefter & receuoir le ferment dudit fieur l'Aduocat, fuiuant & ainfi qu'il eft porté par lefdites lettres; ce qui auroit efté à l'inftant fait.

Et peu de iours aprés auroit efté prefenté le Sire François Thiault, pour luy faire prefter & receuoir le ferment de luy à Conful; ce qui auroit efté à l'inftant fait.

M. D. LXIX.

POVR l'élection d'vn Iuge & quatre Confuls des Marchands pour l'année 1569. a efté procedé par lefdits fieurs l'Aduocat, Thiault, de Bourges, Bonnart & Bourfier, le Samedy vingt-neufiéme iour de Ianuier 1569. en la forte & maniere que les années precedentes.

Et font demeurez pour Scrutateurs les Sires *André Roch* & *Vaaft Bourdin*, qui ont trouué par leur Scrutin eftre demeuré pour

IVGE

Le Sire NICOLAS BOVRGEOIS l'aifné, Marchand Pelletier, ancien Conful, & nagueres Efcheuin, demeurant prés les Carneaux, pour auoir eu 27. voix à Iuge.

I. CONSVL

Le Sire IEAN BRICE, Marchand Bourgeois de Paris, demeurant ruë Coffonnerie, pour auoir eu 20. voix à Conful.

II. CONSVL

Le Sire IACQVES DV BOIS, Marchand Drapier, Bourgeois de Paris, demeurant fous la Tonnellerie, pour auoir eu 19. voix à Conful.

II. Part.   d

III. CONSVL

Le Sire IEAN MEVSNIER, Marchand groffier Mercier, Bourgeois de Paris, demeurant ruë au Feuure, pour auoir eu 15. voix à Conful.

IV. CONSVL

Le Sire IACQVES LE PEVLTRE, auffi Marchand groffier Mercier, Bourgeois de Paris, demeurant ruë S. Denys, pour auoir eu 14. voix à Conful.

Et le Vendredy 4. iour de Feurier 1569. lefdits fieurs l'Aduocat, Thiault, de Bourges, Bonnart & Bourfier auroient conduit en la Cour de Parlement lefdits fieurs Bourgeois, Brice, du Bois, Meufnier & le Peultre, où ils les auroient prefentez, enfemble le Scrutin de leur élection, & requefte fignez, fuiuant laquelle requefte ils auroient prefté le ferment à la Cour d'exercer ledit fait & charge vn an durant. Ce fait, auroient efté conduits en l'Eglife faint Magloire, où ils auroient ouï la Meffe, & aprés icelle dite, les auroient conduits en la falle Iudiciaire, & iceux inftalez és fieges.

Et le Lundy 13. Iuin 1569. ledit fieur Bourgeois Iuge des Marchands, auroit tenu le fiege ledit iour, iufques entre onze & douze qu'il feroit party de la falle Iudiciaire, ne fe plaignant aucunement, lequel neantmoins eftant en vne maifon ou deux prés, fe feroit trouué mal ; de fait, qu'il auroit efté porté en fon logis, où il auroit rendu l'efprit à Dieu enuiron les deux heures aprés midy.

Et le lendemain 14. iour dudit mois, auroit efté fait affemblée des anciens Iuges & Confuls des Marchands, pour auifer de l'ordre qu'on tiendroit pour

la nomination d'vn Iuge au lieu dudit defunt Bourgeois: qui auroient arreſté qu'il feroit mandé foixan-
te notables Marchands, comme à l'élection ordinaire, le Samedy aprés enfuiuant.

Et ledit iour de Samedy dix-huitiéme iour de Iuin
auroit efté procedé à ladite nomination, fuiuant les
remonſtrances faites par ledit ſieur Iean Brice premier
Conful, affiſté defdits ſieurs du Bois, Meufnier & le
Peultre , en la forte & maniere de l'élection ordinaire.

Et font demeurez pour Scrutateurs les ſieurs *André Roch* , par cy-deuant Conful des Marchands, &
Miles Lombert, Marchand Efpicier, Bourgeois de Paris, qui ont trouué par leur Scrutin eſtre demeuré
pour Iuge

Le Sire PIERRE DE LA COVRT l'aifné, par cy-
deuant Conful des Marchands, & nagueres Efcheuin
en ladite ville de Paris, pour auoir eu 30. voix à Iuge des Marchands, pour acheuer l'année dudit defunt
Bourgeois.

Et le Lundy enfuiuant vingtiéme iour dudit mois
& an, lefdits ſieurs Brice, du Bois, Meufnier & le
Peultre , auroient fait compagnie audit de la Court
en la Cour de Parlement , & iceluy prefenté en la
Chambre dorée, pardeuant Meffieurs tenans la Cour
de Parlement, où prefidoit Meffire Auguſtin de Thou
Premier Prefident, pour luy faire preſter le ferment
d'exercer ledit fait & charge , pour ce qui reſtoit de
l'année dudit ſieur Bourgeois; ce qu'il auroit à l'inſtant fait.

Ce fait , feroient venus de compagnie en l'Eglife

S. Magloire, où ils auroient ouï la Meſſe, & aprés icelle dite & celebrée, ſeroient venus en la ſalle Iudiciaire, où ledit ſieur de la Court auroit tenu le ſiege de Iuge.

M. D. LXX.

1570. Povr l'élection d'vn Iuge & quatre Conſuls des Marchands pour l'année 1570. a eſté procedé par leſdits ſieurs de la Court, Brice, du Bois, Meuſnier & le Peultre, le Mardy trente & vniéme & dernier iour de Ianuier 1570. en la forme & maniere que les années precedentes.

Et ſont demeurez pour Scrutateurs les Sires *Jean Regnault* & *Antoine Berenger*, leſquels ont trouué par le Scrutin eſtre demeuré pour

IVGE

Le Sire Clavde Hervy, Marchand Mercier, ancien Conſul, & nagueres Eſcheuin, demeurant ruë ſaint Denys, pour auoir eu 24. voix à Iuge.

I. CONSVL

Le Sire Clavde Avbery, auſſi Marchand Mercier, demeurant ruë neuue S. Merry, pour auoir eu 25. voix à Conſul.

II. CONSVL

Le Sire Gvillavme Rovsselet, auſſi Marchand Mercier, demeurant ruë ſaint Denys, pour auoir eu 18. voix à Conſul.

III. CONSVL

Le Sire Pierre de la Fosse, Marchand Eſpicier, demeurant aux halles, pour auoir eu 17. voix à Conſul.

IV. CONSVL

ſ Le Sire IEAN L'ESCVYER, Marchand Drapier, demeurant ſous la Tonnellerie , pour auoir eu 14. . voix à Conſul.

Et le Vendredy 3. iour de Feurier 1570. leſdits ſieurs de la Court, Brice, du Bois, Meuſnier & le Peultre, auroient conduit en la Cour de Parlement leſdits ſieursHeruy, Aubery, Rouſſelet,de la Foſſe & l'Eſcuyer, où ils les auroient preſentez , enſemble le Scrutin & la requeſte, ſuiuant laquelle ils auroient preſté le ſerment à la Cour d'exercer ledit fait & charge vn an durant. Ce fait, auroient eſté conduits en l'Egliſe S. Magloire, où ils auroient ouï la Meſſe, & icelle dite, les auroient conduits en la ſalle Iudiciaire, & iceux établis en leurs ſieges.

M. D. LXXI.

des 1571.

POVR l'élection d'vn Iuge & quatre Conſuls Marchands pour l'année 1571. a eſté procedé par leſdits ſieurs Heruy, Aubery, Rouſſelet, de la Foſſe & l'Eſcuyer, le Ieudy 1. iour de Feurier 1571. en la forme & maniere que les années precedentes.

Et ont eſté Scrutateurs les Sires *Nicolas Hac*, ancien Conſul , & *Louis la Nulle*, leſquels ont trouué par le Scrutin eſtre demeuré pour

IVGE

Le Sire VAAST BOVRDIN, Marchand Apoticaire & Eſpicier, ancien Conſul, demeurant ruë Coſſonnerie, pour auoir eu 18. voix à Iuge.

I. CONSVL

Le Sire IACQVES LE BREST, Marchand de vin

& de poiſſon de mer, demeurant és halles, pour auoir eu 23. voix à Conſul.

II. CONSVL

Le Sire N I C O L A S S Y M O N , Marchand Mercier, demeurant ruë Ferronnerie, pour auoir eu 22. voix à Conſul.

III. CONSVL

Le Sire I E A N D E S P I N A Y , nagueres Marchand Drapier, demeurant ruë vieille Pelleterie, pour auoir eu 19. voix à Conſul.

IV. CONSVL

Le Sire G E R M A I N B O V C H E R , Marchand Mercier, demeurant ruë Coſſonnerie, pour auoir eu 16. voix à Conſul.

Et le Samedy matin 3. iour de Feurier 1571. leſdits ſieurs Heruy , Aubery , Rouſſelet , de la Foſſe, & l'Eſcuyer , auroient conduit en la Cour de Parlement leſdits ſieurs Bourdin, le Breſt, Symon & d'Eſpinay, où ils les auroient preſentez, enſemble le Scrutin, & la requeſte, ſuiuant laquelle ils auroient preſté le ſerment à la Cour d'exercer ledit fait & charge vn an durant. Ce fait, auroient eſté conduits en la ſalle Iudiciaire: & quant audit ſieur Boucher ne ſeroit venu.

Et le Lundy matin 5. iour de Feurier auroient tenu le ſiege , enſemble ledit ſieur Boucher encore qu'il n'euſt fait le ſerment.

M. D. LXXII.

1572.   P O V R l'élection d'vn Iuge & quatre Conſuls des Marchands pour l'année 1572. y a eſté procedé par leſdits ſieurs Bourdin , le Breſt, Symon, d'Eſpinay &

Boucher, du Ieudy 31. & dernier iour de Ianuier 1572.
en la forme & maniere que les années precedentes.

Et ont esté Scrutateurs les Sires *Claude Aubery* &
André Roch, anciens Consuls, lesquels ont trouué par
leur Scrutin estre demeuré pour

I V G E

Le Sire IEAN LE IAY, Marchand Mercier, ancien Consul, demeurant ruë des Prouuaires, pour auoir
eu 16. voix à Iuge.

I. CONSVL

Le Sire MAVRICE DE LAVLNOY, Marchand
Drapier, demeurant ruë de la Harpe, pour auoir eu
18. voix à Consul.

II. CONSVL

Le Sire CLAVDE LE LIEVRE, Marchand Mercier, demeurant ruë S. Denys, pour auoir eu 17. voix
à Consul.

III. CONSVL

Le Sire MARTIN DE LAVLNE, Marchand de vin
& de poisson de mer, demeurant ruë grande Truanderie, pour auoir eu 12. voix à Consul.

IV. CONSVL

Le Sire SEBASTIEN DV BOIS, Marchand Espicier, demeurant ruë S. Denys, pour auoir eu 12. voix,
& ietté à la ballotte, qui precederoit dudit de Laulne
& du Bois.

Et le Mardy cinquiéme iour de Feurier 1572. lesdits
sieurs Bourdin, le Brest, Symon, d'Espinay & Boucher auroient esté en la Cour de Parlement, ensemble lesdits sieurs le Iay, de Laulnoy, le Lieure, de
Laulne & du Bois, où ils les auroient presentez, en-

ſemble le Scrutin & la requeſte , ſuiuant laquelle ils auroient preſté le ferment en la Cour d'exercer ledit fait & charge vn an durant. Ce fait, auroient eſté conduits en la ſalle Iudiciaire : & quant audit ſieur de Laulnoy, n'y ſeroit venu.

Et le Mercredy ſixiéme iour deſdits mois & an, ledit ſieur de Laulnoy ſeroit comparu en la Chambre du Conſeil, qui auroit prié leſdits ſieurs le Lieure & de Laulne de tenir le ſiege auparauant luy, pour l'indiſpoſition de ſa perſonne, autrement qu'il ne pouuoit accepter la charge : ce qui auroit eſté accordé par leſdits le Lieure & de Laulne. Ce fait, & à l'inſtant ſe feroient mis en ſiege & tenu l'Audience, encore que ledit ſieur de Laulnoy n'euſt fait le ferment en la Cour, dont i'aye eu connoiſſance.

M. D. LXXIII.

1573. POVR l'élection d'vn Iuge & quatre Conſuls des Marchands pour l'année 1573. auroit eſté procedé par ledit ſieur le Iay, de Laulnoy, de Laulne & du Bois, du Ieudy vingt-neufiéme iour de Ianuier 1573. en la forme & maniere que les années precedentes.

Et ont eſté Scrutateurs les Sires *Iacques Pigeart* Orfeure, & *Claude Mongas* Apoticaire, leſquels ont trouué par le Scrutin eſtre demeuré pour

I V G E

Le Sire IEAN DE LA BISTRATE, Marchand de vin & de poiſſon de mer, ancien Conſul, demeurant és halles, pour auoir eu trente-vne voix à Iuge.

I. CONSVL

Le Sire ROBERT DESPREZ, Marchand Teinturier

rier de draps de laine, demeurant ruë vieille Pelleterie, pour auoir eu 25. voix à Conful.

II. CONSVL

Le Sire IEAN MOREAV, Marchand Efpicier, demeurant és halles, pour auoir eu 23. voix à Conful.

III. CONSVL

Le Sire PHILIPPES DE CASTILLE, Marchand
groffier Mercier, demeurant ruë S. Denys, pour a-
uoir eu 19. voix à Conful, & a efté ietté à la ballote par l'auis de la compagnie, contre le Sire Antoine
Huot, qui a eu autant de voix.

IV. CONSVL

Le Sire ANTOINE HVOT, Marchand Drapier,
demeurant ruë S. Iacques, pour auoir eu 19. voix à
Conful.

Et le Vendredy 30. & penultiéme iour defdits mois
& an, lefdits fieurs le Iay, de Laulnoy, le Lieure, de
Laulne & du Bois, auroient conduit en la Cour de
Parlement lefdits fieurs de la Biftrate, Defprez, Moreau, de Caftille & Huot, où ils auroient fait & prefté
le ferment d'exercer ledit fait & charge pendant ladite
année 1573. Et le mefme iour ont tenu le fiege à l'Audience.

M. D. LXXIV.

POVR l'élection d'vn Iuge & quatre Confuls des 1574.
Marchands pour l'année 1574. a efté procedé par lefdits fieurs de la Biftrate, Defprez, Moreau, Caftille
& Huot, du Ieudy vingt-huitiéme iour de Ianuier
1574. en la forte & maniere que les années precedentes.

II. Part.   c

Et ont esté Scrutateurs les Sires *Charles Trude*, Marchand de vin & de poisson de mer, & *Marc Heron* Marchand Espicier & Apoticaire, lesquels ont trouué par leur Scrutin estre demeuré pour

IVGE

Le Sire PIERRE BOVRSIER, Marchand grossier Mercier, ancien Consul, demeurant ruë saint Denys, pour auoir eu 12. voix à Iuge.

I. CONSVL

Le Sire IEAN SALVANCY, Marchand grossier Mercier, demeurant ruë saint Denys, pour auoir eu 31. voix à Consul.

II. CONSVL

Le Sire NICOLAS PARENT, Marchand Drapier, demeurant sous la Tonnellerie, pour auoir eu 29. voix à Consul.

III. CONSVL

Le Sire ANTOINE ROBINEAV, Marchand Espicier, demeurant ruë saint Denys, pour auoir eu 29. voix à Consul.

IV. CONSVL

Le Sire PIERRE LE GOIS, Marchand de vin, demeurant ruë Tisseranderie, pour auoir eu 25. voix à Consul.

Et le Samedy trentiéme & penultiéme iour du mois de Ianuier lesdits sieurs de la Bistrate, Desprez, Moreau, Castille & Huot, ont conduit en la Cour de Parlement lesdits sieurs Boursier, Saluancy, Parent, Robineau & le Gois, où ils ont fait & presté le serment d'exercer ledit fait & charge pendant ladite année 1574.

℣ Et le Lundy premier iour de Feurier audit an 1574.
ils ont tenu le fiege à l'Audience.

DV REGNE D'HENRY III.
Roy de France & de Pologne.

M. D. LXXV.

POVR l'élection d'vn Iuge & quatre Confuls des 157.
Marchands pour l'année 1575. a efté procedé par
lefdits fieurs Bourfier, Saluancy, Parent, Robineau
& le Gois, du Samedy 29. iour de Ianuier 1575. en la
forme & maniere que les années precedentes.

Et ont efté Scrutateurs les Sires *Eftienne Defgroux* &
René Boefmey, Marchands groffiers Merciers, lefquels
auroient trouué par le Scrutin eftre demeuré pour

IVGE
Le Sire IEAN DE DAMPMARTIN, Marchand
Drapier, ancien Conful, demeurant ruë faint Ho-
noré, pour auoir eu 20. voix à Iuge.

I. CONSVL
Le Sire PIERRE THOVRET, Marchand Efpicier,
demeurant ruë Coffonnerie, pour auoir eu 27. voix à
Conful.

II. CONSVL
Le Sire DENYS CHOVART, Marchand de vin,
demeurant ruë Comteffe d'Artois, pour auoir eu 21.
voix à Conful.

III. CONSVL
Le Sire REMOND BOVRGEOIS, Marchand

groſſier Mercier, demeurant ruë ſaint Denys, pour auoir eu 17. voix à Conſul.

IV. CONSVL

Le Sire IEAN DE BORDEAVX, Marchand Drapier, demeurant ruë ſaint Honoré, pour auoir eu 16. voix à Conſul.

Et le Lundy 31. & dernier iour dudit mois de Ianuier leſdits ſieurs Bourſier, Saluancy, Parent, Robineau & le Gois, ont conduit à la Cour de Parlement leſdits de Dampmartin, Choüart & de Bordeaux, où ils ont fait & preſté le ſerment d'exercer ledit fait & charge pendant ladite année 1575. Et le meſme iour ont tenu le ſiege à l'Audience.

Et le Ieudy troiſiéme iour de Feurier audit an leſdits ſieurs Thouret & Bourgeois ont eſté conduits en ladite Cour de Parlement, où ils ont au ſemblable fait & preſté le ſerment, & aſſiſté à l'Audience auec leſdits ſieurs de Dampmartin, Choüart & de Bordeaux, le Vendredy 4. iour deſdits mois & an.

M. D. LXXVI.

1576. POVR l'élection d'vn Iuge & quatre Conſuls des Marchands pour l'année 1576. a eſté procedé par leſdits ſieurs de Dampmartin, Choüart, Thouret, Bourgeois & de Bordeaux, du Mardy 31. & dernier iour de Ianuier 1576. en la forme & maniere que les années precedentes.

Et ont eſté Scrutateurs les Sires *Iean Meuſnier* & *Iean Bourſier*, Marchands groſſiers Merciers, leſquels ont trouué par le Scrutin eſtre demeuré pour

IVGE

Le Sire C L A V D E A V B E R Y, Marchand groſſier Mercier, ancien Conſul, demeurant ruë neuue ſaint Mederic, pour auoir eu 34. voix à Iuge.

I. CONSVL

Le Sire F R A N ç O I S L V I L L I E R, Marchand groſſier Mercier, demeurant deuant l'horloge du Palais, pour auoir eu 29. voix à Conſul.

II. CONSVL

Le Sire C L A V D E D E L A B I S T R A T E, Marchand groſſier Mercier, demeurant ruë des Penitentes, pour auoir eu 23. voix à Conſul.

III. CONSVL

Le Sire A N T O I N E F A V R E A V, Marchand Apoticaire & Eſpicier, demeurant ruë ſaint Antoine, pour auoir eu 16. voix à Conſul.

IV. CONSVL

Ie Sire P H I L B E R T B O V R L O N, Marchand Drapier, demeurant au bout du Pont ſaint Michel, pour auoir eu 15. voix à Conſul.

Et le Mercredy 1. iour de Feurier 1576. leſdits ſieurs de Dampmartin, Thouret, Choüart, Bourgeois & de Bordeaux, ont conduit en la Cour de Parlement leſdits Aubery, Luillier, de la Biſtrate, Faureau & Bourlon, où ils ont fait & preſté le ſerment d'exercer ledit fait & charge pendant ladite année 1576. & le meſme iour ont tenu le ſiege à l'Audience.

M. D. LXXVII.

P O V R l'élection d'vn Iuge & quatre Conſuls des 1577. Marchands pour l'année 1577. a eſté procedé par leſ-

dits Aubery, Luillier, de la Biſtrate, Faureau & Bourlon, du Ieudy trente-vn & dernier iour de Ianuier
1577. en la forme & maniere que les annéces precedentes.

Et ont eſté Scrutateurs les Sires *Simon l'Anglois*,
Maiſtre Orfeure, & *Louis Bourdin*, Marchand Eſpi-
cier, Bourgeois de Paris, leſquels ont trouué par le
Scrutin eſtre demeuré pour

IVGE

Le Sire CLAVDE LE LIEVRE, Marchand groſſier Mercier, demeurant ruë ſaint Denys, pour auoir
eu 16. voix à Iuge.

*Ledit le Lieure n'a voulu accepter ladite charge, & re-
fusé de faire le ferment à la Cour; pour ce rayé.*

I. CONSVL

Le Sire IEAN BEAVCOVSIN, Marchand Orfeure,
demeurant ſur le Pont au Change, pour auoir eu 20.
voix à Conſul.

II. CONSVL

Le Sire IEAN GROVIN, Marchand de vin & de
poiſſon de mer, demeurant ruë des Preſcheurs, pour
auoir eu 14. voix à Conſul.

*Ledit Groüin n'a voulu accepter ladite charge, & refusé
de faire ferment à la Cour; pour ce rayé.*

III. CONSVL

Le Sire ROBERT BVHOT, Marchand Drapier,
demeurant prés ſaint Denys de la Chartre, pour auoir
eu 12. voix à Conſul.

IV. CONSVL

Le Sire ANTOINE BERENGER, Marchand
Drapier, demeurant ſous la Tonnellerie, pour auoir eu
11. voix à Conſul.

Encore que le Sire Louïs Bobye, Marchand Mer‑
cier Ioyallier, demeurant ruë vieille Draperie, ait eu
auſſi onze voix à Conſul, dautant que par l'auis de
la compagnie aſſemblée il a eſté tiré à la ballote , &
arreſté que le premier qui ſeroit tiré du chapeau, de‑
meureroit pour quatriéme Conſul , où s'eſt trouué
ledit Berenger.

Ledit Berenger n'a voulu accepter ladite charge, ny faire
le ferment à la Cour; pour ce rayé.

Et le Lundy quatriéme iour de Feurier audit an
1577. leſdits ſieurs Aubery , Luillier, de la Biſtrate, Fau‑
reau & Bourlon ont conduit & preſenté à la Cour
leſdits ſieurs le Lieure , Beaucouſin , Groüin , Buhot
& Berenger, pour faire & preſter le ferment d'exercer
ledit fait & charge pendant ladite année 1577. Ce que
leſdits le Lieure, Groüin & Berenger n'ont voulu fai‑
re, ny accepter ledit fait & charge, ſous pretexte de
quelques excuſes qu'ils ont alleguées; au moyen deſ‑
quelles excuſes Meſſieurs de Parlement par leur Ar‑
reſt du Samedy neufiéme iour de Feurier dudit an ,
ont ordonné qu'il ſeroit procedé à nouuelle élection
d'vn Iuge & deux Conſuls des Marchands , au lieu
deſdits le Lieure, Groüin & Berenger.

Suiuant lequel Arreſt leſdits ſieurs Aubery, Luil‑
lier, de la Biſtrate, Faureau & Bourlon, auroient fait
conuoquer & appeller ſoixante notables Marchands,
pour proceder à ladite nomination. Ce qui auroit eſté
fait du Mardy douziéme iour dudit mois de Feurier
1577.

Et ont eſté Scrutateurs les Sires *Iean Muſnier*, Mar‑
chand Mercier, & *Arnoul du Moulin*, Marchand Pel‑

letier, lefquels ont trouué par le Scrutin eftre demeuré pour

I V G E

Le Sire IEAN MVSNIER, Marchand Mercier,
demeurant ruë au Feuüre, pour auoir eu 31. voix à Iuge.

II. CONSVL

Le Sire PIERRE QVTES, Marchand Apoticaire
& Efpicier, demeurant ruë fainte Auoye, pour auoir
eu 25. voix à Conful.

IV. CONSVL

Le Sire LOVIS BOBYE, Marchand Mercier, Ioyallier, demeurant ruë vieille Draperie, pour auoir eu 17.
voix à Conful.

Et le Mercredy treiziéme iour dudit mois de Feurier lefdits fieurs Aubery, Luillier, de la Biftrate,
Faureau & Bourlon ont conduit & prefenté à la
Cour lefdits fieurs Mufnier, Beaucoufin, Qutes, Buhot & Bobye, pour leur faire faire & prefter le ferment
d'exercer ledit fait & charge pendant ladite année 1577.
ce qu'ils ont promis & iuré faire.

Et à l'inftant font tous venus de compagnie en l'E-
glife de faint Mederic ouïr la Meffe; & aprés ladite
Meffe dite, les ont conduits en la falle Iudiciaire, où
ils les ont inftalez au fiege, & ont tenu l'Audience
dudit iour.

M. D. LXXVIII.

1578. POVR l'élection d'vn Iuge & quatre Confuls des
Marchands pour l'année 1578. il y a efté procedé par
lefdits fieurs Mufnier, Beaucoufin, Qutes, Buhot &
Bobye, le Ieudy trentiéme & penultiéme iour de Ianuier

u'er 1578. en la forme & maniere que les années precedentes.

Et ont esté Scrutateurs les Sires *François de Lestre*,
& *Sebastien de la Bretesche* Marchands Bourgeois de Paris, lesquels ont trouué par le Scrutin estre demeuré
pour

IVGE

Le Sire IEAN DE LA BRVIERE, Marchand Apoticaire & Espicier, Bourgeois de Paris, demeurant ruë
saint Denys, pour auoir eu 34. voix à Iuge.

I. CONSVL

Le Sire CHARLES TROVDE, Marchand de vin
& de poisson de mer, Bourgeois de Paris, demeurant
prés saint Iacques de l'Hospital, pour auoir eu 33. voix
à Consul.

II. CONSVL

Le Sire IEAN DE COMPANS, Marchand Dra-
pier, Bourgeois de Paris, demeurant ruë vieille Draperie, pour auoir eu 31. voix à Consul.

III. CONSVL

Le Sire RICHARD TOVTIN, Maistre Orfe-
vre, Bourgeois de Paris, demeurant sur le Pont aux
Changeurs, pour auoir eu 15. voix à Consul.

IV. CONSVL

Le Sire IACQVES VIVIEN, Marchand grossier
Mercier, Bourgeois de Paris, demeurant ruë saint Denys, pour auoir eu 14. voix à Consul.

Et le Samedy 1. iour de Feurier 1578. lesdits sieurs
Musnier, Beaucousin, Qutes, Buhot & Bobye ont
conduit en la Cour de Parlement lesdits sieurs de la
Bruiere, Troude, de Compans, Toutin & Viuien, où

II. Part.　　　　　　　　　　　　　f

ils ont fait & presté le serment d'exercer ledit fait &
charge pendant ladite année 1578.

Et le Lundy 3. iour dudit mois & an ont tenu l'Audience.

M. D. LXXIX.

1579.   POVR l'élection d'vn Iuge & quatre Consuls des
Marchands pour l'année 1579. a esté procedé par lesdits sieurs de la Bruiere, Troude, de Compans, Toutin
& Viuien, le Samedy 31. & dernier iour de Ianuier 1579.
en la forme & maniere que les années precedentes.

Et ont esté Scrutateurs le Sire *Iean le Iay*, ancien
Iuge, & le Sire *Robert Buhot* ancien Consul, lesquels
ont trouué par le Scrutin estre demeuré pour

IVGE

Le Sire IEAN BRICE, Marchand, demeurant
ruë de Montmartre, pour auoir eu 20. voix à Iuge.

I. CONSVL

Le Sire GVILLAVME SEMELLE Marchand grossier Mercier, demeurant ruë saint Denys, pour auoir
eu 28. voix à Consul.

II. CONSVL

Le Sire GVILLAVME PARFAICT, Marchand
Drapier, demeurant ruë saint Antoine, pour auoir eu
26. voix à Consul.

*Ledit Parfait a esté exempté par la Cour, pour ne l'a-
uoir voulu accepter, au moyen qu'il estoit Quartenier.*

III. CONSVL

Le Sire NICOLAS BIZARD, Marchand de poisson de mer, demeurant és halles, pour auoir eu 19.
voix à Consul.

IV. CONSVL

Ie Sire NICOLAS BOVRGEOIS l'aifné, Mar-
chand Pelletier, demeurant prés la falle des Carneaux,
pour auoir eu 4. voix à Conful.

Ledit Bourgeois a efté exempté par la Cour, pour autant
qu'il eftoit Quartenier, encore qu'il ait voulu accepter ladite
charge.

Et du Mardy troifiéme Feurier 1579. lefdits fieurs de
la Bruiere, Troude, de Compans, Toutin & Viuien,
ont prefenté à la Cour leur Scrutin & leur requefte,
pour faire faire le ferment aufdits fieurs Brice & confors
éleus: qui a ordonné que ladite requefte & Scrutin
feroient communiquez aux Preuoft des Marchands
& Efcheuins; ce qui a efté fait.

Et du quatriéme dudit mois & an ont efté à la
Cour lefdits nouueaux éleus: lefquels ouïs en leurs
remonftrances, & lefdits Preuoft des Marchands &
Efcheuins; la Cour a ordonné par fon Arreft dudit
iour, que lefdits Parfaict & Bourgeois feroient exempts
de ladite charge, & que Guillaume Voulge & Pierre
Breard, qui auoient eu plus de voix aprés, comparoiftroient à la Cour le lendemain pour prefter le
ferment. Et le Samedy feptiéme dudit mois & an auroient efté prefentez à la Cour lefdits fieurs Brice,
Semelle, Bizard & Breard, pour faire & prefter le ferment; ce qu'ils auroient fait Et quant audit de Voulge n'y feroit comparu, & luy auroit efté fait commandement d'y comparoir le Lundy enfuiuant. Ce
qu'il auroit fait, & la Cour l'auroit receu en fes remonftrances, & iceluy déchargé.

Et le Mardy dixiéme Feurier enfuiuant, fur la requeſte preſentée par les Marchands, la Cour par ſon Arreſt a ordonné que le Sire Valleran Perrochel immediatement éleu, viendroit le lendemain pour preſter le ferment, & cependant que leſdits Brice, Semelle, Bizard & Breard exerceroient la Iuſtice, ſur peine d'amende arbitraire: Et le lendemain onziéme iour dudit mois & an ledit Perrochel feroit comparu à la Cour, où il auroit fait & preſté le ferment; & auroient dudit iour tenu le ſiege leſdits Brice, Semelle, Bizard & Perrochel.

M. D. LXXX.

1580. POVR l'élection d'vn Iuge & quatre Conſuls des Marchands pour l'année 1580. a eſté procedé par leſdits ſieurs Brice, Semelle, Bizard, Breard & Perrochel, le Samedy trente & penultiéme iour de Ianuier 1580. en la forme & maniere que les années precedentes.

Où ont eſté Scrutateurs les Sires *Pierre Bourſier* ancien Iuge, & *Pierre Qutes* ancien Conſul, leſquels ont trouué par le Srutin eſtre demeuré pour

IVGE

Le Sire ROBERT DESPREZ, Marchand Teinturier de draps de laine, demeurant ruë Pelleterie, pour auoir eu 35. voix à Iuge.

I. CONSVL

Le Sire ANTOINE BOYVIN l'aiſné, Marchand Drapier, demeurant ruë ſaint Iacques, pour auoir eu 27. voix à Conſul.

II. CONSVL

Le Sire CLAVDE PICOT, Marchand Eſpicier, demeurant ruë au Marché aux poirées, pour auoir eu 25. voix à Conſul.

III. CONSVL

Le Sire IEAN LE PRESTRE, Marchand de vin &
de poiſſon de mer, demeurant ruë Fromagere, pour
auoir eu 24. voix à Conſul.

IV. CONSVL

Le Sire IACQVES DV CLOS, Marchand groſſier
Drapier, demeurant ruë ſaint Denys, pour auoir eu 23.
voix à Conſul.

Et le Lundy premier iour de Feurier 1580. leſdits
ſieurs Brice, Semelle, Bizard, Breard & Perrochel ont
conduit en la Cour de Parlement leſdits ſieurs Deſprez, Boyuin, Picot, le Preſtre & du Clos, où ils ont
fait & preſté le ſerment d'exercer ledit fait & charge
pendant ladite année 1580. Et dudit iour ont tenu l'Audience.

M. D. LXXXI.

POVR l'élection d'vn Iuge & quatre Conſuls des
Marchands pour l'année 1581. a eſté procedé par leſdits ſieurs Deſprez, Boyuin, Picot, le Preſtre & du
Clos, le Mardy 31. & dernier iour de Ianuier 1581. en
la forme & maniere accouſtumée, comme les années
precedentes.

Où ont eſté Scrutateurs les Sires *Iean de Compans*
anciens Conſul, & *Nicolas de Senteüil*, Marchand
groſſier, leſquels ont trouué par le Scrutin eſtre demeuré pour

IVGE

Le Sire NICOLAS PARENT, Marchand Drapier,
demeurant ſous la Tonnellerie, pour auoir eu 26. voix
à Iuge.

1581.

f iij

I. CONSVL

Le Sire FRANÇOIS DE LESTRE, Marchand grossier Mercier, demeurant ruë des Lombards, pour auoir eu 27. voix à Consul.

II. CONSVL

Le Sire FRANÇOIS COTTEBLANCHE, Marchand Drapier, demeurant sous la Tonnellerie, pour auoir eu 24. voix à Consul.

III. CONSVL

Le Sire NICOLAS THIAVLT, Marchand de vin & de poisson de mer, demeurant ruë Comtesse d'Artois, pour auoir eu 23. voix à Consul.

IV. CONSVL

Le Sire AVGVSTIN LE MOVSSE, Marchand Apoticaire & Espicier, demeurant ruë saint Martin, pour auoir eu 15. voix à Consul.

Ledit Augustin le Mousse a esté déchargé par la Cour.
Et le Mardy premier iour de Feurier 1581. lesdits sieurs Desprez, Boyuin, Picot, le Prestre & du Clos, se sont trouuez au Palais pour presenter lesdits sieurs nouueaux éleus, où se sont trouuez seulement lesdits sieurs de Lestre, Cotteblanche & Thiault; au moyen de quoy la Cour les a renuoyez au Vendredy ensuiuant, auquel iour comparoistroient lesdits Parent & le Mousse pour prester le serment, ausquels pour ce faire commandement leur seroit fait: ce qui auroit esté executé par l'Huissier Malingre. Et ledit iour de Vendredy 3. iour de Feurier se seroient tous les nouueaux éleus trouuez; lesquels sieurs Parent, de Lestre, Cotteblanche & Thiault auroient esté receus & presté le serment. Et quant audit le Mousse, auroit esté dé-

chargé , & ordonné que celuy qui auoit le plus de voix aprés , exerceroit ladite charge: au moyen de quoy le fieur Marc Heron Marchand Apoticaire & Efpicier demeurant ruë faint Denys, comme ayant le plus de voix , auroit accepté ladite charge: & dudit iour lefdits fieurs Parent & confors ont tenu l'Audience: Et le Samedy quatriéme du mois ledit fieur Heron a fait & prefté le ferment à la Cour.

M. D. LXXXII.

Povr l'élection d'vn Iuge & quatre Confuls des 1582. Marchands pour l'année 1582. a efté procedé par lefdits fieurs Parent, de Leftre , Cotteblanche , Thiault & Heron, le Ieudy 1. iour de Feurier 1582. en la forme & maniere que les années precedentes.

Où ont efté Scrutateurs les Sires *Pierre Thouret* ancien Conful , & *Claude Armillon* Marchand de laine , lefquels ont trouué par le Scrutin eftre demeuré pour

IVGE
Le Sire IEAN MOREAV, Marchand Efpicier, demeurant au Marché aux poirées , pour auoir eu 28. voix à Iuge.

I. CONSVL
Le Sire GVILLAVME PLASTRIER , Marchand Drapier , demeurant ruë faint Honoré, pour auoir eu 27. voix à Conful.

II. CONSVL
Le Sire PIERRE DE LA COVRT, Marchand de vin & de poiffon de mer , demeurant ruë Comteffe d'Artois, pour auoir eu 23. voix à Conful.

III. CONSVL

Le Sire IEAN GALLANT , Marchand groſſier Mercier, demeurant ruë ſaint Denys , pour auoir eu 22. voix à Conſul.

IV. CONSVL

Le Sire GVILLAVME LE TELLIER, Marchand Eſpicier , demeurant ruë des Lombards, pour auoir eu 18. voix à Conſul.

Et le Samedy troiſiéme iour de Feurier 1582. leſdits ſieurs Parent , de Leſtre, Cotteblanche , Thiault & Heron ont preſenté à la Cour de Parlement leſdits ſieurs Moreau, Plaſtrier, de la Court, Gallant & le Tellier, où ils ont fait & preſté le ſerment d'exercer ledit fait & charge pendant ladite année 1582. & le Lundy enſuiuant 5. iour dudit mois & an ils ont tenu l'Audience.

M. D. LXXXIII.

1583.   POVR l'élection d'vn Iuge & quatre Conſuls des Marchands pour l'année 1583. a eſté procedé par leſdits ſieurs Moreau, Plaſtrier, de la Court, Gallant & le Tellier, le Mardy premier iour de Feurier 1583. en la forme & maniere que les années precedentes.

Où ont eſté Scrutateurs les Sires *Iean Mammeau*, Marchand Drapier, & *Claude Durant* , Maiſtre Orfevre, leſquels ont trouué par le Scrutin eſtre demeuré pour

IVGE

Le Sire ANTOINE ROBINEAV, Marchand Eſpicier, demeurant ruë S. Denys, pour auoir eu 24. voix à Iuge.

I. CONSVL

Le Sire Nicolas de Creil, Marchand groffier Mercier, demeurant ruë faint Denys, pour auoir
eu 19. voix à Conful.

II. CONSVL

Le Sire Vincent Martin, Marchand de vin,
demeurant ruë des Prouuaires, pour auoir eu 17. voix
à Conful.

III. CONSVL

Le Sire Iean Rovillie', Marchand Drapier,
demeurant ruë faint Honoré, pour auoir eu 15. voix
à Conful.

IV. CONSVL

Le Sire Nicolas dv Resnel, Marchand groffier Mercier, demeurant ruë faint Denys, pour auoir
eu 11. voix à Conful.

Et le Ieudy 3. iour de Feurier 1583. lefdits fieurs Moreau, Plaftrier, de la Court, Gallant & le Tellier ont
prefenté à Noffeigneurs tenans la Cour de Parlement,
lefdits fieurs Robineau, de Creil, Martin, Roüillé &
du Refnel, où ils ont fait & prefté le ferment d'exercer ledit fait & charge pendant ladite année 1583. Et
le Vendredy quatorziéme dudit mois & an ils ont tenu l'Audience.

M. D. LXXXIV.

Povr l'élection d'vn Iuge & quatre Confuls des 1584.
Marchands pour l'année 1584. a efté procedé par lef-
dits fieurs Robineau, de Creil, Martin, Roüillé & du
Refnel, le Mardy trente-vniéme & dernier iour de
Ianuier mil fix cens quatre-vingts quatre en la for-

me & maniere que les années precedentes.

Où ont esté Scrutateurs les Sires *Nicolas Bizard & François Cotteblanche* ; anciens Consuls, lesquels ont trouué par le Scrutin estre demeuré pour

IVGE

Le Sire REMOND BOVRGEOIS, Marchand grossier Mercier, demeurant ruë saint Denys, pour auoir eu 33. voix à Iuge.

I. CONSVL

Le Sire FRANÇOIS LE BREST, Marchand de vin & de poisson de mer, demeurant és halles, pour auoir eu 24. voix à Consul.

II. CONSVL

Le Sire GVILLAVME DE LA CROIX, Marchand grossier Mercier, demeurant ruë de la Huchette, pour auoir eu 21. voix à Consul.

III. CONSVL

Le Sire IEAN GORION, Marchand Apoticaire & Espicier, demeurant ruë de la Harpe, pour auoir eu 19. voix à Consul.

IV. CONSVL

Le Sire DENYS NERET, Marchand Drapier, demeurant ruë S. Honoré, pour auoir eu 18. voix à Consul.

Et le Mercredy 1. iour de Feurier 1584 lesdits sieurs Robineau, de Creil, Martin & Roüillié ont presenté à la Cour de Parlement lesdits sieurs Bourgeois, le Brest, de la Croix, Gorion & Neret, où ils ont fait & presté le serment d'exercer ledit fait & charge pendant ladite année 1584. Et le mesme iour & an du matin ils ont tenu l'Audience.

M. D. LXXXV.

POVR l'élection d'vn Iuge & quatre Consuls des Marchands pour l'année 1585. a esté procedé par lesdits sieurs Bourgeois, le Brest, de la Croix, Gorion & Neret, le Ieudy 31. & dernier iour de Ianuier 1585. en la forme & maniere que les années precedentes.

Et ont esté Scrutateurs les Sires *Iean le Prestre* & *Valleran Perrochel*, anciens Consuls, lesquels ont trouué par le Scrutin estre demeuré pour

IVGE

Le Sire ANTOINE FAVREAV, Marchand Apoticaire & Espicier, demeurant ruë Geoffroy l'Asnier, pour auoir eu 33. voix à Iuge.

I. CONSVL

Le Sire SIMON BOIVIN, Marchand Drapier, demeurant ruë saint Antoine, pour auoir eu 32. voix à Consul.

II. CONSVL

Le Sire PIERRE PASSART, Marchand Mercier grossier, demeurant ruë sainte Auoye, pour auoir eu 24. voix à Consul.

III. CONSVL

Le Sire IEAN DE MIRAVLMONT l'aisné, Marchand Teinturier, demeurant ruë Pelleterie, pour auoir eu 22. voix à Consul.

IV. CONSVL

Le Sire PIERRE MARTIN, Marchand de vin, demeurant ruë des Prescheurs, pour auoir eu 21. voix à Consul.

Et le Vendredy 1. iour de Feurier 1585. lesdits sieurs

Bourgeois, le Breſt, de la Croix, Gorion & Neret ont
preſenté à Noſſeigneurs de la Cour de Parlement leſdits ſieurs Boiuin, Paſſart, de Miraulmont & Martin,
qui ont fait & preſté le ferment d'exercer ledit fait &
charge pendant ladite année 1585. Et le meſme iour
ont tenu l'Audience, où a preſidé ledit ſieur Bourgeois pour l'abſence dudit ſieur Faureau, qui n'auoit
preſté le ferment. Et le Lundy quatriéme iour dudit
mois de Feurier enſuiuant, ledit ſieur Faureau a fait
& preſté le ferment à la Cour de Parlement; & le meſme iour a tenu l'Audience.

M. D. LXXXVI.

1586. Povr l'élection d'vn Iuge & quatre Conſuls des
Marchands pour l'année 1586. a eſté procedé par leſdits ſieurs Faureau, Boiuin, Peſſart, de Miraulmont
& Martin, le Ieudy trente & penultiéme de Ianuier
1586. en la forme & maniere que les années precedentes.

Et ont eſté Scrutateurs les Sires *Antoine Robineau*
& *Vincent Martin*, anciens Iuge & Conſul des Marchands, leſquels ont trouué par le Scrutin eſtre demeuré pour

IVGE

Le Sire IEAN DE COMPANS, Bourgeois de Pa-
ris, demeurant ruë vieille Draperie, pour auoir eu 24.
voix à Iuge.

I. CONSVL

Le Sire GERMAIN PICOT, Marchand Eſpicier,
demeurant ruë ſaint Denys, pour auoir eu 30. voix à
Conſul.

Ledit sieur Picot a esté receu en ses remonstrances à la
Cour, & déchargé de ladite charge, & en son nom a receu
& fait le serment au sieur Iacques du Chesne; pour ce rayé.

II. CONSVL

Le Sire FRANÇOIS CHARPENTIER, Marchand
de vin & de poisson de mer, demeurant ruë des Prescheurs, pour auoir eu 27. voix à Consul.

III. CONSVL

Le Sire IACQVES TVRQVET, Marchand Ioyaillier, demeurant sur le Pont aux Changeurs, pour a-
uoir eu 25. voix à Consul.

IV. CONSVL

Ie Sire CHARLES VVLIN, Marchand Mercier,
demeurant ruë saint Denys, pour auoir eu 23. voix à
Consul.

Et le Vendredy trente-vn & dernier iour de Ianuier 1586. lesdits sieurs Faureau, Boiuin & consors,
ont presenté à la Cour de Parlement lesdits sieurs de
Compans, Picot, Charpentier, Turquet & Vulin : lequel Picot a refusé d'accepter la charge, & a fait ses
excuses & remonstrances, à quoy il a esté receu &
déchargé par ladite Cour, qui a ordonné dudit iour,
que le Sire Iacques du Chesne, Marchand, demeurant ruë de la Fromagerie, qui auoit eu plus de voix
aprés, comparoistroit le lendemain pour faire & prester le serment d'exercer ledit fait & charge. Et pour
le regard desdits de Compans, Charpentier, Turquet
& Vulin, ont à l'instant fait & presté le serment à la
Cour : venus de compagnie en l'Eglise S. Mederic, où
la Messe a esté dite, & le mesme iour ont tenu l'Audience.

Et le Samedy enſuiuant 1. iour de Feurier 1586. ledit ſieur du Cheſne a eſté preſenté à Noſſeigneurs de la Cour par Meſſieurs Faureau & de Miraulmont, & a fait & preſté le ferment d'exercer ledit fait & charge de Conſul l'année 1586.

M. D. LXXXVII.

1587. POVR l'élection d'vn Iuge & quatre Conſuls des Marchands pour l'année 1587. a eſté procedé par leſdits ſieurs de Compans, Charpentier, Turquet, Vulin & du Cheſne, le Ieudy 29. iour de Ianuier 1587. en la forme & maniere que les années precedentes.

Et ont eſté Scrutateurs les Sires *Remond Bourgeois* & *François Luillier*, anciens Iuge & Conſul, leſquels ont trouué par le Scrutin eſtre demeuré pour

IVGE

Le Sire CHARLES TROVDE, Marchand de vin & de poiſſon de mer, demeurant prés ſaint Iacques de l'Hoſpital, pour auoir eu 34. voix à Iuge.

I. CONSVL

Le Sire LOVIS BOVRDIN, Marchand Eſpicier, demeurant ruë de la Coſſonnerie, pour auoir eu 31. voix à Conſul.

II. CONSVL

Le Sire NICOLAS FRESSART, Marchand Drapier, demeurant ruë ſaint André des Arcs, pour auoir eu 25. voix à Conſul.

III. CONSVL

Le Sire ANTOINE ANDRE', Marchand Ioyaillier, demeurant ſur le Pont aux Changeurs, pour auoir eu 20. voix à Conſul.

IV. CONSVL

Le Sire PIERRE PONCHER l'aifné , Marchand
Mercier, demeurant ruë faint Denys, pour auoir eu
19. voix à Conful.

Et le Vendredy matin trentiéme iour de Ianuier
1587. lefdits ficurs de Compans, Charpentier & confors ont conduit au Palais lefdits ficurs Troude, Bourdin & confors , pour les prefenter à Noffeigneurs de
la Cour, pour leur faire prefter le ferment , qui ont
fait dire par Maiftre Gaffien Brillet, Clerc au Greffe
de la Cour, qu'ils venoient deuant le temps, & qu'ils
reuinffent le Mardy enfuiuant: au moyen duquel re-
fus lefdits ficurs de Compans, Charpentier & confors
ont tenu l'Audience ledit iour.

Et le Mardy matin troifiéme iour de Feurier 1587.
feroient retournez à la Cour, où ils auroient prefenté lefdits ficurs Troude , Bourdin & confors, qui
auroient fait & prefté le ferment, & à l'inftant feroient venus enfemble & de compagnie au Confulat,
où ils auroient deuifé d'affaires.

Et le Mercredy matin quatriéme iour de Feurier
1587. feroient lefdits ficurs de Compans, Charpentier
& confors venus, qui auroient inftalé en fiege lefdits
ficurs Troude, Bourdin & confors, qui ont tenu l'Audience ledit iour.

M. D. LXXXVIII.

POVR l'élection d'vn Iuge & quatre Confuls des 1583.
Marchands pour l'année 1588. a efté procedé par lef-
dits ficurs Troude , Bourdin, Freffart, & Poncher, le
Samedy trente & penultiéme iour de Ianuier 1588.

en la forme & maniere que les années precedentes.

Et ont esté Scrutateurs les Sires *Nicolas Bourgeois* le moyen, & *François Blanchart*, Marchands Bourgeois de Paris, lesquels ont trouué par le Scrutin estre demeuré pour

IVGE

Le Sire PIERRE QVTE, Marchand Apoticaire & Espicier, demeurant ruë sainte Auoye, pour auoir eu 29. voix à Iuge.

I. CONSVL

Le Sire PIERRE LE ROY, Marchand Mercier, demeurant ruë saint Denys, pour auoir eu 22. voix à Consul.

II. CONSVL

Le Sire MILES GIRARD, Marchand Drapier, demeurant ruë saint Honoré, pour auoir eu 21. voix à Consul.

III. CONSVL

Le Sire FRANÇOIS BLANCHART, Marchand de vin, demeurant ruë saint Sauueur, pour auoir eu 19. voix à Consul.

IV. CONSVL

Le Sire PIERRE BOVRDIN, Marchand de bois, demeurant ruë Tisseranderie, pour auoir eu 16. voix à Consul.

Et le Lundy matin premier iour de Feurier 1588. lesdits sieurs Troude, Bourdin & & consors ont presenté à Nosseigneurs de la Cour lesdits sieur Qute, le Roy & consors, qui leur ont fait faire & prester le serment d'exercer ledit fait & charge.

Et à l'instant sont tous venus de compagnie en
l'Eglise

l'Eglife faint Mederic, où ils ont ouï la Meffe ; &
dudit lieu en la maifon & place commune des Marchands en leur Chambre du Confeil, où ils ont com-
muniqué d'affaires: Et toft aprés dés le matin ont tenu l'Audience, & les ont affiftez le matin & l'apref-
dinée.

M. D. LXXXIX.

POVR l'élection d'vn Iuge & quatre Confuls des 1589.
Marchands pour l'année 1589. a efté procedé par lefdits fieurs Qute, le Roy , Girard, Blanchart & Bourdin ; & s'eft trouué eftre demeuré pour

IVGE
Le Sire NICOLAS THIAVLT, Marchand, demeurant à Paris ruë Comteffe d'Artois.

I. CONSVL
Le Sire BARNABE' DESPREZ, Marchand, demeurant à Paris ruë de la Harpe.

II. CONSVL
Le Sire CLAVDE BOBYE, Marchand, demeurant
à Paris vieille ruë du Temple.

III. CONSVL
Le Sire FRANÇOIS BELIN, Marchand, demeurant à Paris ruë de la Coffonnerie.

IV. CONSVL
Le Sire ROBERT YON, Marchand, demeurant à
Paris ruë Montorgueil.

Et ont fait le ferment à la Cour.

DV REGNE D'HENRY IV.
Roy de France & de Nauarre.

M. D. XC.

1590. POVR l'élection d'vn Iuge & quatre Consuls des Marchands pour l'année 1590. a esté procedé par lesdits sieurs Thiault, Desprez, Bobye, Belin & Yon ; & s'est trouué estre demeuré pour

IVGE
Le Sire DENYS NERET, Marchand Drapier, demeurant à Paris ruë saint Honoré.

I. CONSVL
Le Sire IEAN VILLEBICHET, Marchand, demeurant ruë Aubry le Boucher.

II. CONSVL
Le Sire IEAN LE CAMVS, Marchand Apoticaire & Espicier à Paris, demeurant ruë saint Denys.

III. CONSVL
Le Sire IEAN MVLOT, Marchand, demeurant à Paris ruë des Prescheurs.

IV. CONSVL
Le Sire PHILIPPES DV RESNEL, Marchand, demeurant à Paris, ruë grande Truanderie.

M. D. XCI.

1591. POVR l'élection d'vn Iuge & quatre Consuls des Marchands pour l'année 1591. a esté procedé par lesdits sieurs Neret, Villebichet, le Camus, Mulot & du Resnel ; & s'est trouué estre demeuré pour

5⁹

IVGE

Le Sire IEAN GOVRION, Marchand Apoticaire
& Efpicier, Bourgeois de Paris, demeurant ruë de la
Harpe, pour auoir eu 25. voix à Iuge.

I. CONSVL

Le Sire NOEL HEBERT, Marchand Drapier,
Bourgeois de Paris, demeurant ruë vieille Draperie,
pour auoir eu 29. voix à Conful.

II. CONSVL

Le Sire PHILIPPES LE COMTE, Marchand,
Bourgeois de Paris, demeurant ruë Montmartre, pour
auoir eu 27. voix à Conful.

III. CONSVL

Le Sire THIBAVLT DE S. AVBIN, Marchand,
Bourgeois de Paris, demeurant ruë faint Denys, pour
auoir eu 27. voix à Conful.

IV. CONSVL

Le Sire LAVRENT CRESSE', Marchand, Bourgeois de Paris, demeurant à Petit Pont, pour auoir
eu 27. voix à Conful.

Et dautant que lefdits le Comte, Saint-Aubin &
Creffé fe feroient trouuez auoir eu chacun vingt-fept
voix, a efté trouué bon par la compagnie, qu'il feroit tiré au fort pour fçauoir qui fera le premier & le
deuxiéme; tellement qu'il s'eft trouué ledit le Comte
pour premier, & ledit Saint-Aubin pour penultiéme.

Et le premier iour de Feurier 1591. lefdits Neret, Villebichet & confors ont prefenté à Noffeigneurs de la
Cour lefdits Gourjon & confors, qui leur ont fait faire le ferment en la maniere accouftumée: Et ont le
mefme iour tenu l'Audience.

h ij

M. D. XCII.

1592. Povr l'élection d'vn Iuge & quatre Consuls des Marchands pour l'année 1592. a esté procedé par lesdits sieurs Gourjon, Hebert, le Comte, Saint-Aubin & Cressé, le Ieudy trentiéme Ianuier 1592. en la forme & maniere que les années precedentes.

Et ont esté Scrutateurs les Sires *Iean de Villebichet*, & *Claude Tiffaine*, lesquels ont trouué par leur Scrutin estre demeuré pour

IVGE

Le Sire IEAN GALLAND, Marchand grossier Mercier, demeurant ruë saint Denys, pour auoir eu toutes les voix de la compagnie à Iuge, au nombre de 35.

I. CONSVL

Le Sire NICOLAS GOBELIN, Marchand Drapier, demeurant sous la Tonnellerie, pour auoir eu 31. voix à Consul.

II. CONSVL

Le Sire IACQVES TROVVE′, Marchand de poisson de mer, demeurant ruë Comtesse d'Artois, pour auoir eu 30. voix à Consul.

III. CONSVL

Le Sire GABRIEL DE FLECELEES, Marchand grossier Mercier, demeurant deuant l'Hostel-Dieu de Paris, pour auoir eu 15. voix à Consul.

IV. CONSVL

Le Sire SIMON LE IVGE, Marchand Espicier, demeurant ruë saint Denys, pour auoir eu 25. voix à Consul.

Et pource que lesdits sieurs de Flecelles & le Iuge

auoient chacun vingt-cinq voix, auroit esté ietté au
sort, tellement que ledit sieur de Flecelles auroit precedé ledit sieur le Iuge.

Et le Vendredy trente-vn & dernier iour de Ianuier 1592. lesdits sieurs Gourjon, Hebert & consors ont
presenté à la Cour lesdits sieurs Galland, Gobelin &
consors, qui ont fait le serment en la maniere accoûtumée; & puis sont venus tous ensemble ouïr la Messe
en l'Eglise saint Mederic, aprés laquelle sont venus
ledit iour tenir l'Audience, assistez des sieurs anciens
Iuge & Consuls.

M. D. XCIII.

POVR l'élection d'vn Iuge & quatre Consuls des
Marchands pour l'année 1593. a esté procedé par lesdits sieurs Galland, Gobelin, Trouué, de Flecelles &
le Iuge, le Samedy trentiéme Ianuier audit an, en la
forme & maniere que les années precedentes.

Et ont esté Scrutateurs les Sires *Michel Feburier*, &
Philippes Laisné, lesquels ont trouué par le Scrutin
estre demeuré pour

IVGE

Le Sire NICOLAS DE CREIL, Marchand grossier
Mercier, demeurant ruë S. Denys, pour auoir eu toutes les voix de la compagnie, au nombre de trente-
cinq à Iuge.

I. CONSVL

Le Sire IEAN LE NORMAND, Marchand de vin
& de poisson de mer, demeurant és halles, pour auoir
eu 33. voix à Consul.

II. CONSVL

Le Sire LOVIS MONSIGOT, Marchand Drapier, demeurant fur le Pont faint Michel , pour auoir eu 32. voix à Conful.

III. CONSVL

Le Sire PIERRE LE FEBVRE, Marchand groffier Mercier, demeurant ruë faint Denys, pour auoir eu 31. voix à Conful.

IV. CONSVL

Le Sire IEAN LAMBERT, Marchand Apoticaire & Efpicier, demeurant ruë de l'Arbre-fec, pour auoir eu 23. voix à Conful.

Et le Lundy premier iour de Feurier audit an 1593. lefdits fieurs Galland, Gobelin & confors ont prefenté à la Cour lefdits fieurs de Creil, le Normand & confors, qui ont fait le ferment à la maniere accoûtumée; puis font venus tous enfemble ouïr la Meffe en l'Eglife de faint Mederic: Et aprés font venus ledit iour tenir l'Audience lefdits fieurs de Creil & confors, affiftez defdits fieurs anciens Iuge & Confuls.

M. D. XCIV.

1594. POVR l'élection d'vn Iuge & quatre Confuls des Marchands pour l'année 1594. a efté procedé par lefdits fieurs de Creil, le Normand, Monfigot, le Febure & Lambert, le Mardy premier iour de Feurier audit an, en la forme & maniere que les années precedentes.

Et ont efté Scrutateurs les Sires *Simon Boiuin* & *Eftienne le Blonds*, lefquels ont trouué par le Scrutin eftre demeuré pour

IVGE

Le Sire SIMON BOIVIN, Marchand Drapier, demeurant ruë saint Antoine, pour auoir eu 22. voix à Iuge.

I. CONSVL

Le Sire EVSTACHE BOVLLENGER, Marchand grossier Mercier, demeurant ruë au Feurre, pour auoir eu 30. voix à Consul.

II. CONSVL

Le Sire IEAN GVIOT, Marchand Espicier, demeurant ruë saint Denys, pour auoir eu 25. voix à Consul.

III. CONSVL

Le Sire IEAN DV PVIS, Marchand de vin, demeurant ruë Garnetal , pour auoir eu 21. voix à Consul.

IV. CONSVL

Le Sire COSME CARREL, Marchand grossier Mercier, demeurant ruë saint Iacques prés Petit Pont, pour auoir eu 17. voix à Consul.

Et le Vendredy quatriéme iour dudit mois de Feurier, lesdits sieurs de Creil, le Normand, Monsigot, le Febure, & Lambert ont presenté à la Cour lesdits sieurs Boiuin, Boullenger, Guiot, du Puis, & Carrel, qui y ont fait le serment en la maniere accoustumée; puis sont venus tous ensemble ouïr la Messe en l'Eglise saint Mederic : Et aprés sont venus lesdits sieurs tenir l'Audience, assistez desdits sieurs de Creil & consors anciens Iuge & Consuls.

M. D. XCV.

POVR l'élection d'vn Iuge & quatre Consuls des 1595.

Marchands pour l'année 1595. a esté procedé par lesdits sieurs Boiuin, Boullenger, Guiot, du Puis, & Cartel, le Mardy dernier iour de Ianuier audit an, en la forme & maniere que les années precedentes.

Et ont esté Scrutateurs les Sires *Charles Vulin* & *Baltazar Blaris*, lesquels ont trouué par le Scrutin estre demeuré pour

IVGE

Le Sire PIERRE MARTIN, Marchand de vin & poisson de mer, demeurant ruë des Prescheurs, pour auoir eu 26. voix à Iuge.

I. CONSVL

Le Sire CLAVDE LE ROY, Marchand Espicier, demeurant ruë au Feurre, pour auoir eu 30. voix à Consul.

II. CONSVL

Le Sire FRAIN BELOT, Marchand grossier Mercier, demeurant ruë saint Denys, pour auoir eu 30. voix à Consul.

III. CONSVL

Le Sire HENRY GAMIN, Marchand grossier Mercier, demeurant ruë saint Denys, pour auoir eu 29. voix à Consul.

IV. CONSVL

Le Sire IEAN CHESNARD, Marchand Drapier, demeurant ruë saint Honoré, pour auoir eu 28. voix à Consul.

Et dautant que les sieurs le Roy & Belot auroient chacun trente voix, auroit esté ietté au sort, & seroit aduenu que ledit sieur le Roy precederoit ledit sieur Belot.

Et

Et le Mercredy 1. iour de Feurier audit an , lefdits
fieurs Boiuin , Boullenger , Guiot , du Puis & Carrel
ont prefenté à la Cour lefdits fieurs Martin , le Roy ,
Belot , Gamin & Chefnard , qui y ont fait le ferment;
puis font venus tous enfemble ouïr la Meffe en l'E-
glife de faint Mederic : Et aprés font venus tenir l'Audience , lefdits fieurs affiftez de leurs predeceffeurs
Iuge & Confuls.

M. D. XCVI.

P o v r l'élection d'vn Iuge & quatre Confuls des 1596.
Marchands pour l'année 1596. a efté procedé par lefdits fieurs Martin , le Roy , Belot , Gamin & Chefnard ,
le Ieudy premier iour de Feurier audit an , en la forme & maniere que les années precedentes.

Et ont efté Scrutateurs les Sires *Claude Bobye* &
Lucian Beihe , lefquels ont trouué par le Scrutin eftre
demeuré pour

I V G E
I e Sire C H A R L E S V v L I N , Marchand groffier
Mercier , demeurant ruë faint Denys , pour auoir eu
29. voix à Iuge.

I. C O N S V L
Le Sire D E N Y S L E G R O S , Marchand Drapier ,
demeurant ruë faint Antoine , pour auoir eu 31. voix
à Conful.

II. C O N S V L
Le Sire F R A N ç o i s P i i a r d , Marchand Apoticaire & Efpicier , demeurant au Cimetiere faint Iean ,
pour auoir eu 29. voix à Conful.

III. CONSVL

Le Sire **ANTOINE FILLEAV**, Marchand groffier Mercier, demeurant ruë faint Denys, pour auoir
eu 29. voix à Conful.

IV. CONSVL

Le Sire **NICOLAS BOSSV**, Marchand de vin &
de poiffon de mer, demeurant prés l'Eglife faint Euftache, pour auoir eu 23. voix à Conful.

Et dautant que lefdits Piiard & Filleau auroient eu
chacun vingt-neuf voix, auroit efté ietté au fort, &
feroit aduenu que ledit fieur Piiard auroit precedé ledit fieur Filleau.

Et le Lundy cinquiéme iour de Feurier audit an,
lefdits fieurs Martin & confors, ont prefenté à la Cour
lefdits fieurs Vulin, le Gros, Piiard, Filleau & le Boffu,
qui ont fait le ferment à la maniere accouftumée;
puis font venus tous enfemble ouïr la Meffe en l'E-
glife faint Mederic: Et aprés font venus tenir l'Audience ledit iour, affiftez defdits fieurs leurs predeceffeurs Iuge & Confuls.

M. D. XCVII.

1597. PO VR l'élection d'vn Iuge & quatre Confuls des
Marchands pour l'année 1597. a efté procedé par lefdits fieurs Vulin, le Gros, Piiard, Filleau & le Boffu,
le Samedy 1. iour de Feurier audit an, en la forme &
maniere que les années precedentes.

Où ont efté Scrutateurs les Sires *Iean le Iay* &
Pierre Q.te, lefquels ont trouué par le Scrutin eftre
demeuré pour

IVGE

Le Sire IEAN ROVILLIE', Marchand Drapier, demeurant ruë S.Honoré, pour auoir eu 33.voix à Iuge.

I. CONSVL

Le Sire PHILIPPES SENSIER, Marchand grof-fier Mercier, demeurant ruë faint Denys, pour auoir eu 32. voix à Conful.

II. CONSVL

Le Sire IEAN LOVVET, Marchand groffier Mer-cier, demeurant ruë faint Denys, pour auoir eu 32. voix à Conful.

III. CONSVL

Le Sire IACQVES LAVDET, Marchand Efpi-cier, demeurant aux halles, pour auoir eu 18. voix à Conful.

IV. CONSVL

Le Sire GVILLAVME PASSART, Marchand de vin & de poiffon de mer, demeurant ruë de la Coffon-nerie, pour auoir eu 18. voix à Conful.

Et dautant que lefdits fieurs Laudet & Paffart au-roient eu chacun dix-huit voix, auroit efté à l'inftant ietté au fort, & feroit aduenu que ledit fieur Laudet auroit precedé ledit fieur Paffart.

Et le Lundy troifiéme iour de Feurier audit an lef-dits fieurs Vulin, le Gros, Piiard, Filleau & le Boffu ont prefenté à la Cour lefdits fieurs Roüillié, Senfier, Louuet, Laudet & Paffart, qui ont fait le ferment; puis font venus tous enfemble ouïr la Meffe en l'E-glife faint Mederic : Et aprés font venus tenir l'Au-dience ledit iour, affiftez defdits fieurs leurs predecef-feurs Iuge & Confuls.

M. D. XCVIII.

1598.   Povr l'élection d'vn Iuge & quatre Consuls des Marchands pour l'année 1598. a esté procedé par lesdits Roüillié, Louuet, Laudet & Passart, le Ieudy cinquiéme iour de Feurier audit an, en la forme des annécs precedentes.

Et ont esté Scrutateurs les Sires *Iean de Villebichet* & *Iacques Boucquin*, lesquels ont trouué par le Scrutin estre demeuré pour

IVGE

Le Sire PIERRE PONCHER l'aisné, Marchand Mercier, demeurant ruë vieille Truanderie, pour auoir eu toutes les voix à Iuge.

Excusé par la Cour, comme est écrit cy-aprés, & en son lieu a esté élu le sieur de Villebichet.

I. CONSVL

Le Sire THOMAS COIGNET, Marchand Ioyaillier, demeurant ruë Quinquenpoix, pour auoir eu 30. voix à Consul.

II. CONSVL

Le Sire ROBERT DESCARTS, Marchand Drapier, demeurant ruë saint Martin, pour auoir eu 25. voix à Consul.

III. CONSVL

Le Sire CLAVDE ROVSSEL, Marchand de vin & de poisson de mer, demeurant au Cloistre saint Iacques de l'Hospital, pour auoir eu 18. voix à Consul.

IV. CONSVL

Le Sire PIERRE DV FRESNOY, Marchand Apoticaire, demeurant ruë saint Honoré, pour auoir eu 13. voix à Consul.

Et eſt à noter pour memoire, que le ſieur Iacques Bordier Marchand de vin auroit eu treize voix à Conſul, & à l'inſtant auroit eſté ietté au ſort entre ledit ſieur du Freſnoy & ledit ſieur Bordier, & ſeroit aduenu que ledit ſieur du Freſnoy ſeroit demeuré quatriéme Conſul, comme deſſus.

Et le lendemain Vendredy 6. dudit mois leſdits ſieurs Roüillié, Louuet, Laudet & Paſſart ont preſenté à la Cour leſdits Coignet, Rouſſel & du Freſnoy, qui ont fait le ſerment ; puis ſont venus enſemble ouïr la Meſſe en l'Egliſe ſaint Mederic: Et aprés ſeroient venus tenir le ſiege & Audience ledit iour, aſſiſtez deſdits ſieurs leurs predeceſſeurs.

Mais quant auſdits ſieurs Poncher & Deſcarts, ils ne ſeroient comparus, & auroit la Cour ordonné qu'ils ſeroient mandez au premier iour à la diligence de Monſieur le Procureur General du Roy.

Et le Lundy 9. dudit mois leſdits ſieurs Poncher & Deſcarts ont eſté mandez à la Cour: lequel ſieur Poncher a propoſé ſes excuſes, qu'il n'eſtoit plus Marchand il y auoit dix ans, & qu'à preſent il eſtoit Secretaire du Roy, & auoit fait le ſerment és mains de Monſieur le Chancelier de France ; ſurquoy la Cour auroit ordonné auparauant que paſſer outre, que le Syndic des Secretaires ſeroit ouï.

Et le Ieudy 12. dudit mois eſt interuenu Arreſt, par lequel la Cour, ouï ſur ce le Procureur General du Roy, a ordonné qu'il ſera procedé à nouuelle élection d'vn Iuge des Marchands, à la diligence des Iuge & Conſuls de l'année paſſée, en la maniere accouſtumée.

i iij

Cependant lefdits fieurs Coignet, Rouffel & du Frefnoy ont tenu le fiege depuis qu'ils ont fait le ferment, iufques au ferment & inftalation du nouueau éleu.

Et le Samedy 14. dudit mois de Feurier la compagnie mandée en la maniere accouftumée, eftant affemblée en la Chambre, a efté mis en deliberation qui tiendroit le fiege pour l'effet de l'élection d'vn Iuge au lieu dudit fieur Poncher : furquoy ladite compagnie auroit refolu & aduifé, que Monfieur Roüillié ancien Iuge prefideroit, & tiendroit le fiege auec lefdits Coignet, Rouffel & du Frefnoy. Et à l'inftant toute la compagnie fe feroit fife en la falle iudiciaire, & a efté procedé à l'élection d'vn Iuge au lieu dudit fieur Poncher.

Et ont efté Scrutateurs les Sires *Iean de Villebicher*, ancien Conful, & *Pierre Feillet*, lefquels par le Scrutin ont trouué eftre demeuré pour

I V G E

Le Sire IEAN DE VILLEBICHET, Marchand groffier Mercier, demeurant ruë Aubry-boucher, pour auoir eu 13. voix.

Et le Lundy 16. iour de Feurier lefdits fieurs Coignet, Rouffel & du Frefnoy ont prefenté à la Cour lefdits fieurs de Villebichet Iuge, & Defcarts fecond Conful, lefquels ont fait le ferment ; puis font venus ouïr la Meffe en l'Eglife faint Mederic, & puis ont efté inftalez au fiege à la maniere accouftumée.

M. D. XCIX.

1599. POVR l'élection d'vn Iuge & quatre Confuls des

Marchands pour l'année 1599. a efté procedé par lefdits fieurs de Villebichet & confors, le Samedy trentiéme iour de Ianuier audit an, en la forme des années precedentes.

Et ont efté Scrutateurs les Sires *Iean le Iay* & *Iacques Piiard*, lefquels ont trouué par le Scrutin eftre
demeuré pour

I V G E

Le Sire BARNABÉ DESPREZ, Marchand Drapier, demeurant ruë de la Harpe, pour auoir eu 34.
voix à Iuge.

I. CONSVL

Le Sire FIACRE PHILIPPES, Marchand de vin,
demeurant ruë de la Mortellerie, pour auoir eu 27.
voix à Conful.

Excusé par la Cour, comme eft écrit cy-aprés.

II. CONSVL

Le Sire MILES LOMBERT, Marchand Efpicier,
demeurant au Marché aux poirées, pour auoir eu 24.
voix à Conful.

III. CONSVL

Le Sire GILLES DE BREZE, Marchand groffier Mercier, demeurant ruë des cinq Diamans, pour
auoir eu 21. voix à Conful.

IV. CONSVL

Le Sire IEAN DE CREIL, Marchand groffier
Mercier, demeurant ruë faint Denys, pour auoir eu
20. voix à Conful.

Excusé par la Cour, comme eft écrit cy-aprés.

Et le Lundy premier iour de Feurier audit an lefdits fieurs de Villebichet & confors, ont prefenté à la

Cour lefdits fieurs Defprez, Philippes, Lombert & de Breze , lefquels fieurs Defprez , Lombert & de Breze auroient fait le ferment; puis font venus enfemble ouir la Meffe en l'Eglife faint Mederic : Et aprés feroient venus tenir le fiege & audience ledit iour, affiftez defdits fieurs leurs predeceffeurs.

Mais quant audit Philippes, il a dit fes excufes à la Cour, & ledit fieur de Creil n'eft comparu : ladite Cour a ordonné qu'ils comparoiftroient au premier iour, pour en eftre ordonné ainfi que de raifon.

Et le Mercredy 3. Feurier audit an 1599. feroit interuenu Arreft, par lequel la Cour, ouï fur ce le Procureur General du Roy, enfemble ledit de Creil, a ordonné que lefdits de Creil & Philippes demeureront déchargez, & qu'il fera procedé à nouuelle élection de deux autres Confuls à la diligence des Iuge & Confuls de l'année derniere. Cependant lefdits Defprez, Lombert & de Breze ont tenu le fiege en la maniere accouftumée.

Et le Ieudy 4 iour de Feurier fut la compagnie mandée : eftant affemblée en la Chambre, a efté mis en deliberation quel rang & feance tiendroient les deux Confuls que l'on entendoit élire au lieu des deux déchargez. Surquoy la compagnie à la pluralité des voix auroit refolu & aduifé, que les deux qui feroient nouueaux élcus, tiendroient le tiers & quart lieu de Confuls.

Et à l'inftant toute la compagnie fe feroit fife en la fal'e Iudiciaire, & a efté procedé à l'élection de deux Confuls au lieu defdits fieurs de Creil & Philippes.

Et ont efté Scrutateurs les Sires *Antoine Robineau* l'aifné ,

l'aiſné, & *Nicolas le Boſſu :* par le Scrutin s'eſt trouué
demeurer pour

III. CONSVL

Le Sire IEAN DE LA HAYE, Marchand Orfe-
vre, demeurant ſur le Pont aux Changeurs, pour auoir
eu 19. voix à Conſul.

IV. CONSVL

Le Sire LAVRENT BERGERON, Marchand
groſſier Mercier, demeurant ruë ſainte Auoye, pour
auoir eu 14. voix à Conſul.

Et le Vendredy 5. iour dudit mois de Feurier leſdits
ſieurs de Villebichet, Coignet, Deſcarts, Rouſſel &
du Freſnoy ont preſenté à la Cour leſdits ſieurs de la
Haye & Bergeron, qui ont fait le ſerment ; puis ſont
venus ouïr la Meſſe en l'Egliſe ſaint Mederic, & à
l'inſtant ont eſté inſtalez au ſiege.

M. DC.

POVR l'election d'vn Iuge & quatre Conſuls des 1600.
Marchands pour l'année 1600. a eſté procedé par leſdits ſieurs Deſprez, Lombert, de Breze, de la Haye &
Bergeron, le Mardy premier iour de Feurier audit an
en la forme des années precedentes.

Et ont eſté Scrutateurs les Sires *Iean Iobert & Iean de
Miraulmont,* leſquels ont trouué par le Scrutin eſtre
demeuré pour

IVGE

Le Sire FRANÇOIS BELIN, Marchand Eſpicier,
demeurant ruë Coſſonnerie, pour auoir eu toutes les
voix à Iuge.

I. CONSVL

Le Sire PIERRE FEVLLET, Marchand groſſier Mercier, demeurant ruë Iean de l'Eſpine, pour auoir eu 30.
voix à Conſul.

II. CONSVL

Le Sire IOSEPH DES CHAMPS, Marchand Drapier, demeurant ruë de la Tonnellerie, pour auoir eu
23. voix à Conſul.

III. CONSVL

Le Sire PIERRE NICOLAS, Marchand Orfevre &
Quartenier de la Ville, demeurant ruë ſaint Iacques
de la Boucherie, pour auoir eu 19. voix à Conſul.

IV. CONSVL

Le Sire MICHEL LAMY, Marchand groſſier,
demeurant ruë Aubry-boucher, pour auoir eu 16. voix
à Conſul.

Et le Vendredy quatriéme iour de Feurier audit an
1600. leſdits ſieurs Deſprez & conſors ont preſenté à
la Cour leſdits ſieurs Belin, Feullet, des Champs, Nicolas & Lamy, qui ont fait le ſerment; puis ſont venus ouïr la Meſſe en l'Egliſe ſaint Mederic, & ont eſté
inſtalez au ſiege en la maniere accouſtumée.

M. DC. I.

1601.　　POVR l'élection d'vn Iuge & quatre Conſuls des
Marchands pour l'année 1601. a eſté procedé par leſdits ſieurs Belin & conſors, le Ieudy 1. iout de Feurier
audit an, en la forme des années precedentes.

Et ont eſté Scrutateurs les Sires *Martin Caillou* &
Pierre Pincebourde, leſquels ont trouué par le Scrutin eſtre demeuré pour

IVGE

Le Sire IEAN MVLLOT, Marchand de vin & de poiſſon de mer, demeurant ruë des Preſcheurs, pour auoir eu toutes les voix à Iuge.

I. CONSVL

Le Sire REMY ROYER, Marchand Drapier, demeurant ruë ſaint Honoré, pour auoir eu 34. voix à Conſul.

II. CONSVL

Le Sire CLAVDE DE CAMBRAY, Marchand Apoticaire, demeurant ruë ſaint André des Arcs, pour auoir eu 29. voix à Conſul.

III. CONSVL

· Le Sire FRANÇOIS FREZON, Marchand de draps de ſoye, demeurant prés le Petit Pont, pour auoir eu 28. voix à Conſul.

IV. CONSVL

Le Sire PIERRE SAINCTOT, Teinturier de ſoye, l'vn des Quarteniers de la Ville, demeurant ruë Aubry-boucher, pour auoir eu 26. voix à Conſul.

Et le Lundy cinquiéme iour du mois de Feurier audit an 1601. leſdits ſieurs Belin & conſors ont preſenté à la Cour leſdits ſieurs Mullot, Royer, de Cambray, Frezon & Sainctot, qui ont fait le ſerment; puis ſont venus ouïr la Meſſe en l'Egliſe de ſaint Mederic, & ont eſté inſtalez au ſiege en la maniere accouſtumée.

M. DC. II.

POVR l'élection d'vn Iuge & quatre Conſuls des Marchands pour l'année 1602. a eſté procedé par leſdits ſieurs Mullot, Royer, de Cambray, Frezon &

Sainctot, le Mercredy trentiéme iour de Ianuier audit an, en la forme des années precedentes.

Et ont esté Scrutateurs les Sires *Barnabé Desprez,*
& *Ioseph Deschamps* , lesquels ont trouué par le Scrutin estre demeuré pour

IVGE

Le Sire LAVRENT CRESSE', Marchand grossier
Mercier, demeurant prés le Petit Pont deuant l'Hô-
tel-Dieu, pour auoir eu 30. voix à Iuge.

I. CONSVL

Le Sire ANDRE' RVFFE', Marchand grossier Mercier, demeurant ruë saint Denys, pour auoir eu 34. voix
à Consul.

II. CONSVL

Le Sire IEAN MESSIER, Marchand Drapier, demeurant ruë Iean de l'Espine , pour auoir eu 32. voix
à Consul.

III. CONSVL

Le Sire DVRAND YON, Marchand de vin & de
poisson de mer, demeurant aux halles, pour auoir eu
27. voix à Consul.

IV. CONSVL

Le Sire NICOLAS DE BOVRGES, Marchand
Espicier, demeurant ruë saint Denys, pour auoir eu
24. voix à Consul.

Et le Vendredy 1. iour de Feurier audit an 1602. lesdits sieurs Mullot & consors ont presenté à la Cour
lesdits sieurs Cressé, Ruffé, Messier, Yon & de Bourges, qui ont fait le serment accoustumé ; puis sont venus ouïr la Messe en l'Eglise de S. Mederic, & ont esté
instalez au siege en la maniere accoustumée.

M. DC. III.

POVR l'élection d'vn Iuge & quatre Consuls des 1603. Marchands pour l'année 1603. a esté procedé par lesdits sieurs Cressé, Ruffé, Messier, Yon & de Bourges, le Samedy 1. iour de Feurier audit an, en la maniere accoustumé.

Et ont esté Scrutateurs les Sires *Denys Neret* & *Pierre Houdan* le ieune, lesquels ont trouué par le Scrutin estre demeuré pour

IVGE

Le Sire PHILIPPES DV RESNEL, Marchand grossier Mercier, demeurant ruë saint Denys, pour auoir eu toutes les voix à Iuge.

Excusé par la Cour, comme il sera dit cy-aprés.

I. CONSVL

Le Sire IEAN BAZIN, Marchand Drapier, demeurant ruë saint Denys, pour auoir eu 28. voix à Consul.

II. CONSVL

Le Sire IEAN HENRYOT, Marchand Linger, demeurant ruë Aubry-Boucher, pour auoir eu 26. voix à Consul.

III. CONSVL

Le Sire PASCHAL BAZOIN, Marchand Apoticaire, demeurant ruë saint Antoine, pour auoir eu 19. voix à Consul.

IV. CONSVL

Le Sire NICOLAS TARGER, Marchand Mercier, demeurant ruë Champverrerie, pour auoir eu 17. voix à Consul.

Et le Lundy 3. iour dudit mois de Feurier audit an 1603. lesdits sieurs Cressé & consors ont presenté à la Cour lesdits sieurs Bazin, Henryot, Bazoin & Targer, qui ont fait le serment accoustumé; puis sont venus ouïr la Messe en l'Eglise de saint Mederic, & ont esté instalez en la maniere accoustumée. Et quant audit sieur du Resnel, il ne seroit comparu en ladite Cour; laquelle auroit ordonné qu'il seroit mandé en icelle, & de fait y auroit enuoyé l'Huissier Cordelle, qui auroit rapporté qu'il estoit hors de cette ville, & ne seroit de retour de deux mois.

Et le huitiéme iour dudit mois seroit interuenu Arrest de ladite Cour, sur ce que Monsieur le Procureur General du Roy auroit remonstré l'absence dudit sieur du Resnel, & auoir sceu qu'iceluy du Resnel auoit vne infirmité de l'ouïe, à l'occasion de laquelle il ne pouuoit accepter la charge : par lequel Arrest la Cour auroit ordonné qu'à la diligence des Iuge & Consuls de l'année derniere seroit procedé à nouuelle élection d'vn Iuge au lieu dudit sieur du Resnel.

Cependant lesdits sieurs Bazin, Henryot, Bazoin & Targer ont tenu le siege depuis qu'ils ont eu fait serment, iusques au iour du serment & instalation du nouueau éleu.

Et le Ieudy 13. iour dudit mois de Feurier, la compagnie mandée en la maniere accoustumée auroit auisé que suiuant l'ordre resolu en pareille occurrence l'année 1598. Monsieur Cressé ancien Iuge presideroit & tiendroit le siege auec lesdits sieurs Bazin, Henryot, Bazoin & Targer.

Et à l'instant toute la compagnie se seroit sise en

la falle Iudiciaire, & a efté procedé en la maniere accouftumée à l'élection d'vn Iuge au lieu du fieur du
Refnel.

Et ont efté Scrutateurs les Sires *Gilles de Breze* &
Pierre Sainctot, anciens Confuls, par le Scrutin defquels s'eft trouué demeurer pour

IVGE

Le Sire GABRIEL DE FLECELLES, Marchand
de draps de foye, demeurant ruë neuue faint Mederic, pour auoir eu 33. voix à Iuge.

Et le Vendredy quatorziéme iour dudit mois de
Feurier, lefdits fieurs Creffé & confors ont prefenté
à la Cour ledit fieur de Flecelles Iuge, lequel y a fait
le ferment; puis font venus ouïr la Meffe en l'Eglife
de faint Mederic, & a efté ledit fieur de Flecelles inftalé en la maniere accouftumée.

M. DC. IV.

POVR l'élection d'vn Iuge & quatre Confuls des 1604.
Marchands pour l'année 1604. a efté procedé par lefdits fieurs de Flecelles & confors, le Samedy trente-
vniéme & dernier iour de Ianuier en la forme des années precedentes.

Et ont efté Scrutateurs les Sires *Iean le Iay* & *André Ruffé*, lefquels ont trouué par le Scrutin eftre demeuré pour

IVGE

Le Sire CLAVDE LE ROY, Marchand Efpicier,
demeurant ruë au Feuure, pour auoir eu 27. voix à Iuge.

I. CONSVL

Le Sire IEAN L'EMPEREVR, Marchand Drapier,

demeurant fur le Pont Noftre-Dame, pour auoir eu 28. voix à Conful.

II. CONSVL

Le Sire CLAVDE DV PRE', Marchand groffier Mercier, demeurant grande ruë faint Iacques, pour auoir eu 25. voix à Conful.

III. CONSVL

Le Sire NICOLAS VYE, Marchand groffier Mercier, demeurant ruë faint Denys, pour auoir eu 23. voix à Conful.

IV. CONSVL

Le Sire IEAN GVILLEMOT, Marchand de vin & de poiffon de mer, demeurant aux halles, pour auoir eu 18. voix à Conful.

Et le Mercredy quatriéme iour de Feurier audit an 1604. lefdits fieurs de Flecelles & confors ont prefenté à la Cour lefdits fieurs le Roy, l'Empereur, du Pré, Vye & Guillemot, qui ont fait le ferment accouftumé; puis font venus ouïr la Meffe en l'Eglife de faint Mederic, & ont efté inftalez au fiége en la maniere accouftumée.

M. DC. V.

1605.   POVR l'élection d'vn Iuge & quatre Confuls des Marchands pour l'année 1605. a efté procedé par lefdits fieurs le Roy, l'Empereur, du Pré, Vye & Guillemot, le Mardy premier iour de Feurier 1605. en la forme des années precedentes.

Et ont efté Scrutateurs les Sires *Iacques Laudet* & *Marc Nicolas*, lefquels ont trouué par le Scrutin eftre demeuré pour

IVGE

IVGE

Le Sire FRANÇOIS BELOT, Marchand grossier Mercier, demeurant ruë Quinquenpoix, pour auoir eu 33. voix à Iuge.

I. CONSVL

Le Sire LOVIS DANYS, Marchand grossier Mercier, demeurant ruë saint Denys, pour auoir eu 30. voix à Consul.

II. CONSVL

Le Sire PIERRE LE BREST, Marchand Drapier, demeurant ruë saint Honoré, pour auoir eu 25. voix à Consul.

III. CONSVL

Le Sire IEAN IOBERT, Marchand Apoticaire, demeurant ruë saint Honoré, pour auoir eu 21. voix à Consul.

IV. CONSVL

Le Sire IEAN EVSTACHE, Marchand de vin & de poisson de mer, demeurant ruë Champverrerie, pour auoir eu 20. voix à Consul.

Et le Vendredy quatriéme iour dudit mois de Feurier 1605. lesdits sieurs le Roy & consors ont presenté à la Cour lesdits sieurs Belot, Danys, le Brest, Iobert & Eustache, qui ont fait le serment accoustumé; puis sont venus ouïr la Messe en l'Eglise saint Mederic, & à l'instant ont esté instalez au siege en la maniere accoustumée.

M. DC. VI.

POVR l'élection d'vn Iuge & quatre Consuls des Marchands pour l'année 1606. a esté procedé par lesdits fieurs Belot, Danys, le Breft & Iobert, le Mardy dernier iour de Ianuier audit an, en la forme des années precedentes.

Et ont efté Scrutateurs les Sires *Claude du Pré & Iean de Compans*, lefquels ont trouué par le Scrutin eftre demeuré pour

IVGE

Le Sire IEAN CHESNARD, Marchand Drapier, demeurant ruë faint Honoré, pour auoir eu 27. voix à Iuge.

I. CONSVL

Le Sire IACQVES DROVET, Marchand Efpicier, demeurant ruë faint Denys, pour auoir eu 30. voix à Conful.

II. CONSVL

Le Sire PIERRE CREMILIER, Marchand de vin, demeurant ruë faint Sauueur, pour auoir eu 26. voix à Conful.

III. CONSVL

Le Sire ANTOINE GVIBERT, Marchand Mercier, demeurant ruë Sauaterie, pour auoir eu 25. voix à Conful.

IV. CONSVL

Le Sire GVILLAVME LESPICIER, Marchand de bled, demeurant ruë de la Mortellerie, pour auoir eu 16. voix à Conful.

Et le Mercredy premier iour de Feurier audit an mil fix cens fix, lefdits fieurs Belot, Danys, le Breft, & Iobert ont prefenté à la Cour lefdits fieurs Chefnard, Droüet, Cremilier, Guibert & Lefpicier, qui ont fait le ferment accouftumé ; puis font venus

ouïr la Meſſe en l'Egliſe de ſaint Mederic, & aprés
la Meſſe ils ont eſté inſtalez au ſiege à la maniere
accouſtuméc.

M. DC. VII.

POVR l'élection d'vn Iuge & quatre Conſuls des 1607.
Marchands pour l'année mil ſix cens ſept, a eſté procedé par leſdits ſieurs Cheſnart, Droüet, Cremilier, Guibert & Leſpicier, le Ieudy premier iour de
Feurier audit an, en la forme des années precedentes.

Et ont eſté Scrutateurs les Sires *Pierre Martin &*
Iehn Iobert, leſquels ont trouué par le Scrutin eſtre
demeuré pour

IVGE
Le Sire PIERRE LE FEBVRE, Marchand
groſſier Mercier, demeurant ruë ſaint Denys, pour
auoir eu toutes les voix à Iuge.

I. CONSVL
Le Sire GVILLAVME MARIER, Marchand de
vin, demeurant ruë ſaint Sauueur, pour auoir eu 32.
voix à Conſul.

II. CONSVL
Le Sire NICOLAS GILLOT, Marchand Dra-
pier, demeurant ruë ſaint Honoré, pour auoir eu 29.
voix à Conſul.

III. CONSVL
Le Sire PIERRE BACHELIER, Marchand A-
poticaire, demeurant ruë ſaint Honoré, pour auoir
eu 25. voix à Conſul.

IV. CONSVL

Le Sire IEAN BEAVCOVSIN, Marchand Orfeure, demeurant fur le Pont aux Changeurs, pour auoir eu 24. voix à Conful.

Et le Lundy cinquiéme iour dudit mois de Feurier audit an 1607. lefdits fieurs Chefnard & confors ont prefenté à la Cour lefdits fieurs le Febure, Marier, Gillot, Bachelier & Beaucoufin, qui ont fait le ferment accouftumé; puis font venus ouïr la Meffe en l'Eglife faint Mederic, & ont efté cy-aprés inftalez au fiege en la maniere accouftumée.

M. DC. VIII.

1608.   POVR l'élection d'vn Iuge & quatre Confuls des Marchands pour l'année 1608. a efté procedé par lefdits fieurs le Febure, Marier, Gillot, Bachelier & Beaucoufin, le Ieudy dernier iour de Ianuier audit an, en la forme des années precedentes.

Et ont efté Scrutateurs les Sires *Michel Lamy* & *Iean le Maire*, lefquels ont trouué par le Scrutin eftre demeuré pour

IVGE

Le Sire IEAN GVYOT, Marchand Efpicier, demeurant ruë faint Denys, pour auoir eu toutes les voix à Iuge.

I. CONSVL

Le Sire EVSTACHE LE BOSSV, Marchand de vin & de poiffon de mer, demeurant ruë Montorgueil, pour auoir eu 34. voix à Conful.

II. CONSVL

Le Sire OLIVIER PICQVE, Marchand groffier

Mercier, demeurant ruë faint Denys, pour auoir eu
28. voix à Conful.

III. CONSVL

Le Sire IEAN BACHELIER, Marchand Drapier,
demeurant ruë faint Iacques, pour auoir eu 28. voix
à Conful.

IV. CONSVL

Le Sire SIMON MARCEZ, Marchand Orfeure, demeurant au bout du Pont aux Changeurs,
pour auoir eu 27. voix à Conful.

Et le Vendredy premier iour de Feurier audit an
mil fix cens huit, lefdits fieurs le Febure, Marier,
Gillot, Bachelier & Beaucoufin ont encore tenu le
fiege pour n'auoir pû prefenter les nouueaux éleus
à la Cour, à caufe de l'incommodité des ruës.

Et le Lundy quatriéme iour de Feurier audit an,
ont efté conduits au Palais pour les prefenter à la
Cour, & faire le ferment; mais pource que Meffieurs
les Gens du Roy y font venus trop tard, lefdits fieurs
Iuge & Confuls remis au Mercredy enfuiuant, & cependant Meffieurs les anciens tinrent l'Audience ledit iour.

Et le Mercredy fixiéme iour dudit mois de Feurier lefdits fieurs le Febure, Marier, Gillot, Bachelier & Beaucoufin ont prefenté à la Cour lefdits fieurs
Guyot, le Boffu, Picque, Bachelier & Marcez, qui
ont fait le ferment accouftumé; puis font venus ouïr
la Meffe en l'Eglife faint Mederic, & aprés la Meffe
ont efté inftalez au fiege en la maniere accouftumée.

I iij

M. DC. IX.

1609. POVR l'élection d'vn Iuge & quatre Confuls des Marchands pour l'année mil fix cens neuf, a efté procedé par lefdits fieurs Guyot, le Boffu , Picque, Bachelier & Marcez, le Samedy trente-vniéme & dernier iour de Ianuier mil fix cens neuf en la forme accouftumée.

Et ont efté Scrutateurs les Sires *Denys Neret* & *Hierofme Acheres*, lefquels ont trouué par le Scrutin eftre demeuré pour

IVGE

Le Sire IEAN LOVVET, Marchand groffier Mercier, demeurant ruë faint Denys, pour auoir eu toutes les voix à Iuge.

I. CONSVL

Le Sire SIMON LANGLOIS, Marchand Efpicier, demeurant ruë des Lombards, pour auoir eu 28. voix à Conful.

II. CONSVL

Le Sire FRANÇOIS HERSANT, Marchand Drapier, demeurant à Petit Pont, pour auoir eu 20. voix à Conful.

Et dautant que les Sires Iacques Benoife , Claude Chanlatte & Charles Helain ont eu chacun feize voix, a efté aduifé par la compagnie d'écrire leurs noms en trois billets de papier, & les mettre dans vn chapeau, & que le premier qui en feroit tiré par ledit fieur Guyot, demeureroit pour troifiéme Conful, & le fecond pour quatriéme : Ce qui auroit efté fait, & a efté ledit Benoife le premier tiré , & ledit Chanlatte le fecond, & partant font demeurez pour

III. CONSVL

Le Sire IACQVES BENOISE, Marchand Orfevre, demeurant fur le Pont aux Changeurs, pour auoir eu 16. voix à Conful.

IV. CONSVL

Le Sire CLAVDE CHANLATTE, Marchand de vin, demeurant ruë Betify, pour auoir eu 16. voix à Conful.

Et le Mercredy 4. iour de Feurier audit an lefdits fieurs Guyot & confors ont prefenté à la Cour lefdits fieurs Louuet, Langlois, Herfant, Benoife & Chanlatte, qui ont fait le ferment accouftumé; puis font venus ouïr la Meffe en l'Eglife faint Mederic, & aprés la Meffe ont efté inftalez au fiege en la maniere accouftuméc.

M. DC. X.

POVR l'élection d'vn Iuge & quatre Confuls des Marchands pour l'année 1610. a efté procedé par lefdits fieurs Louuet, Langlois, Herfant, Benoife & Chanlatte, le Samedy trentiéme iour de Ianuier audit an, en la forme des années precedentes. 1610.

Et ont efté Scrutateurs les Sires *Touffaint d'Yury* & *Nicolas Doublet*, lefquels ont trouué par le Scrutin eftre demeuré pour

IVGE

Le Sire GVILLAVME PASSART, Marchand de vin & de poiffon de mer, demeurant ruë de la Coffonnerie; pour auoir eu 34. voix à Iuge.

I. CONSVL

Le Sire CHARLES HELAIN, Marchand Mer-

cier, demeurant ruë Aubry-boucher , pour auoir eu
31. voix à Conful.

II. CONSVL

Le Sire MICHEL GAMARE , Marchand Apoticaire
& Efpicier, demeurant deuant la Croix des Carmes,
pour auoir eu 29. voix à Conful.

III. CONSVL

Le Sire IEAN BOVE', Marchand Drapier, demeurant ruë S. Honoré, pour auoir eu 28. voix à Conful.

IV. CONSVL

Le Sire MARTIN CAILLOV , Marchand Pelletier,
demeurant ruë faint Denys, pour auoir eu 23. voix à
Con ul.

Et le Lundy premier iour de Feurier audit an, lefdits fieurs Louuet & confors ont prefenté à la Cour
lefdits fieurs Paffart, Helain, Gamare, Boüé & Caillou,
qui ont fait le ferment accouftumé ; puis font venus
ouïr la Meffe en l'Eglife faint Mederic, & aprés la Meffe ont efté inftalez au fiege en la maniere accoûtumée.

DV REGNE DE LOVIS XIII.
Roy de France & de Nauarre.

M. DC. XI

1611.   POVR l'élection d'vn Iuge & quatre Confuls des
Marchands pour l'année 1611. a efté procedé par
lefdits fieurs Paffart, Helain, Gamare, Boüé & Caillou, le Mardy premier iour de Feurier audit an 1611. en
la forme des années precedentes.

Et ont efté Scrutateurs les Sires *Nicolas Collin* & *An-*
toine

toine le Secq, lefquels ont trouué par le Scrutin eftre demeuré pour

IVGE

Le Sire ROBERT DESCARTES, , Marchand Drapier, demeurant ruë faint Martin, pour auoir eu toutes les voix à Iuge.

I. CONSVL

Le Sire GVILLAVME POIGNANT , Marchand
Efpicier, demeurant ruë de la Coffonnerie, pour a-
uoir eu 33. voix à Conful.

II. CONSVL

Le Sire PIERRE HACHETTE, Marchand Bonnetier, demeurant prés Petit Pont, pour auoir eu 32.
voix à Conful.

III. CONSVL

Le Sire IACQVES DE CREIL, Marchand groffier
Mercier , demeurant ruë faint Denys, pour auoir eu
30. voix à Conful.

IV. CONSVL

Le Sire FIACRE MALACQVIN, Marchand Mercier, demeurant ruë vieille Monnoye, pour auoir eu
29. voix à Conful.

Et le Vendredy quatriéme Feurier audit an 1611.
lefdits fieurs Paffart, Helain, Gamare, Boüé & Caillou ont prefenté à la Cour lefdits fieurs Defcartes,
Poignant, de Creil & Malacquin, qui ont fait le ferment accouftumé ; puis font venus ouïr la Meffe en
l'Eglife faint Mederic , & aprés la Meffe ont efté inftalez au fiege en la maniere accouftumée.

Et quant audit Hachette il n'a comparu , dautant
qu'il eftoit malade; & le onziéme dudit mois a com-

paru , & a efté prefenté par lefdits fieurs Defcartes,
Poignant , de Creil & Malacquin , & a fait le ferment
accouftumé.

M. DC. XII.

1612.

POVR l'election d'vn Iuge & quatre Confuls des
Marchands pour l'année 1612. a efté procedé par lefdits fieurs Defcartes', Poignant, Hachette, de Creil
& Malacquin , le Mardy 31. & dernier iour de Feurier audit an, en la forme des années precedentes.

Et ont efté Scrutateurs les Sires *Iean le Normand* ancien Conful, & *Iean Thiuille*, lefquels ont trouué par
le Scrutin eftre demeuré pour

IVGE

Le Sire PIERRE FEVLLET, Marchand Mer-
cier, demeurant ruë Iean de l'Efpine, pour auoir eu
30. voix à Iuge.

I. CONSVL

Le Sire CLAVDE GONIER, Marchand Apoticaire, demeurant ruë fainte Auoye , pour auoir eu 31.
voix à Conful.

II. CONSVL

Le Sire CLAVDE BOVCHER, Marchand Mer-
cier, demeurant ruë faint Denys, pour auoir eu 28. voix
à Conful.

III. CONSVL

Le Sire IEAN CAVELLIER , Marchand Bonnetier, demeurant ruë faint Iacques de la Boucherie,
pour auoir eu 20. voix à Conful.

IV. CONSVL

Le Sire LOVIS DROVIN, Marchand Drapier,

demeurant deuant saint Denys de la Chartre , pour auoir eu 16. voix à Consul.

Et le Mercredy premier iour de Feurier audit an 1612. lesdits sieurs Descartes & consors ont presenté à la Cour lesdits sieurs Feullet, Gonier, Boucher, Cauellier & Droüin, qui ont fait le serment accoustumé, puis sont venus ouïr la Messe en l'Eglise de saint Mederic; & la Messe dite, ont esté instalez au siege en la maniere accoustumée.

M. DC. XIII.

POVR l'élection d'vn Iuge & quatre Consuls des Marchands pour l'année 1613. a esté procedé par lesdits sieurs Feullet, Gonier, Boucher, Cauellier & Droüin, le Ieudy trente-vniéme & dernier iour de Ianuier audit an, en la forme des années precedentes. 1613.

Et ont esté Scrutateurs les Sires *Iacques de Creil*, ancien Consul, & *Hilaire de l'Isle*, lesquels ont trouué par le Scrutin estre demeuré pour

IVGE

Le Sire IOSEPH DES CHAMPS, Marchand Drapier, demeurant sous la Tonnellerie, pour auoir eu 32. voix à Iuge.

I. CONSVL

Le Sire MICHEL RACQVENET, Marchand Espicier, demeurant ruë saint Denys, pour auoir eu 32. voix à Consul.

II. CONSVL

Le Sire IEAN LE MAIRE, Marchand Mercier, demeurant ruë de la Callandre, pour auoir eu 31. voix à Consul.

III. CONSVL

Le Sire ESTIENNE FERRVS, Marchand Pelletier, demeurant ruë faint Honoré, pour auoir eu 25. voix à Conful.

IV. CONSVL

Le Sire PIERRE PELLETIER, Marchand Orfeure, demeurant ruë faint Iacques de la Boucherie, pour auoir eu 15. voix à Conful.

Et le Vendredy premier iour de Feurier audit an 1613. lefdits fieurs Feullet, Gonier, Boucher, Cauellier & Droüin ont prefenté à la Cour lefdits fieurs des Champs, Racquenet, le Maire, Ferrus & Pelletier, qui ont fait le ferment accouftumé; puis font venus ouïr la Meffe en l'Eglife faint Mederic, & aprés la Meffe ont efté inftalez au fiege en la maniere accoûtumée.

M. DC. XIV.

1614. POVR l'élection d'vn Iuge & quatre Confuls des Marchands pour l'année 1614. a efté procedé par lefdits fieurs des Champs, Raquenet, le Maire, Ferrus & Pelletier, le Samedy premier iour de Feurier audit an, en la forme & maniere des années precedentes.

Et ont efté Scrutateurs les Sires *Oliuier Picque*, ancien Conful, & *Marc Nicolas*, lefquels ont trouué par le Scrutin eftre demeuré pour

IVGE

Le Sire FRANÇOIS FREZON, Marchand de draps de foye, demeurant prés Petit Pont, pour auoir eu toutes les voix à Iuge.

I. CONSVL

Le Sire FRANÇOIS PREDESEIGLE, Marchand

'Drapier, demeurant à la Place Maubert , pour auoir
eu 29. voix à Conſul.

II. CONSVL

Le Sire ANTOINE ANDRENAS, Marchand du
corps de la Mercerie , demeurant ruë Ferronnerie,
pour auoir eu 25. voix à Conſul.

III. CONSVL

Le Sire ANTOINE AVLIN, Marchand Apoticaire, demeurant ruë du Temple, pour auoir eu 23. voix
à Conſul.

IV. CONSVL

Le Sire ANTOINE CHARRATZ, Marchand Bonnetier, demeurant ruë ſaint Denys, pour auoir eu 17.
voix à Conſul.

Et le Lundy 3. iour de Feurier audit an 1614. leſdits
ſieurs des Champs & conſors ont preſenté à la Cour
leſdits ſieurs Frezon, Predeſeigle, Andrenas, Aulin &
Charrats, qui ont fait le ſerment accouſtumé ; puis ſont
allez ouïr la Meſſe en l'Egliſe S. Mederic, & puis aprés
ont eſté inſtalez au ſiege en la maniere accouſtumée.

Le decés eſtant aduenu dudit François Predeſeigle,
leſdits ſieurs Frezon, Andrenas, Aulin & Charratz auroient fait aſſemblée des anciens Iuges & Conſuls, &
des Maiſtres & Gardes des ſix Corps des Marchands, &
mis en deliberation ſi l'on éliroit vn autre Conſul au
lieu dudit defunt ſieur Predeſeigle ; par laquelle aſſemblée fut auiſé que l'on procederoit à l'élection d'vn autre, qui tiendroit la quatriéme place de Conſul.

Suiuant laquelle reſolution le Samedy vingtſixié-
mé iour d'Auril 1614. fut procedé à l'élection ; & furent Scrutateurs les Sires *Pierre Pelletier*, ancien Con-

ful, & *Iean Sauary*, lefquels trouuerent par le Scrutin
eftre demeuré pour

IV. CONSVL

Le Sire IEAN DV BOIS, Marchand Drapier, demeurant ruë faint Honoré, pour auoir eu 33. voix à
Conful.

Et le 28. iour dudit mois d'Auril audit an, lefdits
fieurs Frezon & confors ont prefenté à la Cour ledit
fieur du Bois, qui a fait le ferment de quatriéme Conful, comme appert par l'Arreft cy-aprés tranffcrit :
puis ledit iour a efté inftalé au fiege à la maniere accouftumée.

La Cour, requerant le Procureur General du Roy,
Iean du Bois Marchand Drapier, élcu par la Communauté des Marchands pour quatriéme Conful, au
lieu de feu François Predefeigle nagueres decedé,
mandé : a efté ledit du Bois receu en ladite charge,
& fait le ferment accouftumé. Fait en Parlement le
28. Auril 1614. Signé, VOYSIN.

M. D C. XV.

1615. POVR l'élection d'vn Iuge & quatre Confuls des
Marchands pour l'année 1615. a efté procedé par lefdits fieurs Frezon, Andrenas, Aulin, Charratz & du
Bois, le Samedy dernier iour de Ianuier audit an, en
la forme des années precedentes.

Et ont efté Scrutateurs les Sires *Simon Marcez*, ancien Conful, & *Charles Hamelin*, lefquels ont trouué
par le Scrutin eftre demeuré pour

IVGE

Noble homme PIERRE SAINCTOT, Marchand,

Bourgeois de Paris, & ancien Efcheuin de la Ville, demeurant ruë neuue faint Magloire, pour auoir eu toutes les voix à Iuge.

I. CONSVL

Le Sire IEAN DE COMPANS, Marchand Drapier, demeurant au bout du Pont Noftre-Dame prés faint Denys de la Chartre, pour auoir eu 28. voix à Conful.

II. CONSVL

Le Sire NICOLAS DOVBLET, Marchand Mercier, demeurant ruë faint Denys, pour auoir eu 26. voix à Conful.

III. CONSVL

Le Sire IACQVES BARBIER, Marchand Efpicier, demeurant ruë faint Denys, pour auoir auffi eu 26. voix à Conful.

IV. CONSVL

Le Sire CHARLES AVELYNE, Marchand Orfevre, demeurant fur le Pont aux Changeurs, pour auoir eu 21. voix à Conful.

Et dautant que les fieurs Nicolas Doublet & Iacques Barbier auroient eu chacun vingt-fix voix à Conful, auroit efté auifé par la compagnie, que leurs deux noms feroient écrits en deux billets de papier, & mis dans vn chapeau, & que le premier qui feroit tiré par ledit fieur Frezon, demeureroit pour deuxiéme Conful, & l'autre pour troifiéme. Ce qui auroit efté fait, & feroit aduenu que ledit fieur Doublet auroit efté tiré le premier, & partant feroit demeuré le deuxiéme Conful.

Et le Mercredy quatriéme iour de Feurier audit an 1615. lefdits fieurs Frezon & confors ont prefenté à la

Cour lefdits fieurs Sainctot, de Compans, Doubler,
Barbier & Auelyne, qui ont fait le ferment accoûtumé; puis font venus ouïr la Meffe en l'Eglife faint
Mederic, & puis ont efté inftalez au fiege en la maniere accouftumée.

M. DC. XVI.

1616.   Povr l'élection d'vn Iuge & quatre Confuls des
Marchands pour l'année 1616. a efté procedé par lefdits fieurs Sainctot, de Compans, Doubler, Barbier
& Auelyne, le Samedy trentiéme Ianuier audit an,
en la forme des années precedentes.

Où ont efté Scrutateurs les Sires *Antoine Andre-*
nas, ancien Conful, & *Pierre Baudeau*, lefquels ont
trouué par le Scrutin eftre demeuré pour

IVGE

Le Sire IEAN HENRIOT, Marchand groffier
Mercier, demeurant ruë Aubry-Boucher, pour auoir
eu toutes les voix à Iuge.

I. CONSVL

Le Sire IEAN CHERON, Marchand Apoticaire &
Efpicier, demeurant au bout du Pont Noftre-Dame
prés faint Denys de la Chartre, pour auoir eu 27.
voix à Conful.

II. CONSVL

Le Sire NICOLAS BRILLET, Marchand Drapier,
demeurant ruë Barillerie prés le Palais, pour auoir eu
25. voix à Conful.

III. CONSVL

Le Sire ANTOINE ROBINEAV, Marchand de
laine du corps de la Mercerie, demeurant ruë Trouf-
fe-vache,

fe-vache, pour auoir eu 24. voix à Conſul.

IV. CONSVL

Le Sire GVILLAVME PERIER, Marchand de vin, demeurant ruë du Petit Lyon, pour auoir eu 12. voix à Conſul.

Et le Lundy premier iour de Feurier audit an 1616. leſdits ſieurs Sainctot, de Compans, Doublet, Barbier & Auelyne ont preſenté à la Cour leſdits ſieurs Henriot, Cheron, Brillet, Robineau & Perier, qui ont fait le ferment accouſtumé; puis ſont venus ouïr la Meſſe en l'Egliſe ſaint Mederic, & aprés ont eſté inſtalez au ſiege en la maniere accouſtumé.

M. DC. XVII.

POVR l'élection d'vn Iuge & quatre Conſuls des 1617. Marchands pour l'année 1617. a eſté procedé par leſdits ſieurs Henriot, Cheron, Brillet, Robineau & Perier,, le Mardy dernier iour de Ianuier audit an, en la forme des années precedentes.

Et ont eſté Scrutateurs les Sires *Martin de la Planche & Claude Formentin*, leſquels ont trouué par le Scrutin eſtre demeuré pour

IVGE

Le Sire NICOLAS TARGER, Marchand Mercier groſſier, demeurant ruë de la Champverrerie, pour auoir eu toutes les voix à Iuge.

I. CONSVL

Le Sire FRANÇOIS PORTEBEDIEN, Marchand de draps de ſoye, demeurant prés le Petit Pont, pour auoir eu 30. voix à Conſul.

II. Part. n

II. CONSVL

Le Sire IACQVET HERON, Marchand Espicier, demeurant ruë des Lombards, pour auoir eu 26. voix à Consul.

III. CONSVL

Le Sire PIERRE CAIGNET, Marchand Drapier, demeurant ruë de Long-Pont, deuant la grande porte de l'Eglise saint Geruais, pour auoir eu 22. voix à Consul.

IV. CONSVL

Le Sire PIERRE GOVION, Marchand de vin, demeurant ruë Montmartre, pour auoir eu 11. voix à Consul.

Et le Mercredy premier iour de Feurier audit an, lesdits sieurs Henriot & consors ont presenté à la Cour lesdits sieurs Targer, Portebedien, Heron, Caignet & Gouion, qui ont fait le serment; puis sont venus ouïr la Messe en l'Eglise saint Mederic, & aprés la Messe ont esté installez au siege à la maniere accoûtumée.

M. DC. XVIII.

1618. POVR l'élection d'vn Iuge & quatre Consuls des Marchands pour l'année 1618. a esté procedé par lesdits sieurs Targer, Portebedien, Heron, Caignet & Goujon, le Ieudy, 1. iour de Feurier audit an, en la forme des années precedentes.

Et ont esté Scrutateurs les Sires *Iean de Bierne* & *Iacques Mulot* lesquels ont trouué par le Scrutin estre demeuré pour

IVGE

Le Sire IEAN LEMPEREVR, Marchand Drapier, demeurant au bout du Pont Noftre-Dame prés S. Denys de la Chartre, pour auoir eu toutes les voix à Iuge.

I. CONSVL

Le Sire MARTIN BACHELIER, , Marchand groffier Mercier, demeurant ruë faint Denys, pour auoir eu 33. voix à Conful.

II. CONSVL

Le Sire GVILLAVME D'ESCOVY, Marchand Apoticaire & Efpicier, demeurant au bout du Petit Pont prés l'Eglife de la Magdelaine, pour auoir eu 33. voix à Conful.

III. CONSVL

Le Sire GVILLAVME LE CAMVS, Marchand Or-feure, demeurant ruë S Germain l'Auxerrois, pour auoir eu 33. voix à Conful.

IV. CONSVL

Le Sire IEAN BARRON, Marchand Mercier, de-meurant ruë de la vieille Monnoye, pour auoir eu 32. voix à Conful.

Et dautant que les fieurs Bachelier, d'Efcouy & le Camus fe font trouuez auoir eu chacun 33. voix, la compagnie a deliberé & aduifé que leurs trois noms feroient mis en trois billets dans vn chapeau, & que le premier tiré par le fieur Targer auroit la premiere feance, le deuxiéme auroit la feconde, & l'autre la troifiéme. Ce qu'ayant efté ainfi fait, s'eft trouué que le premier billet tiré a efté celuy du fieur Bacheler, le fecond celuy dudit fieur d'Efcouy, & le troifiéme celuy dudit fieur le Camus.

Et le Lundy cinquiéme iour dudit mois de Feurier audit an 1618. lefdits fieurs Targer & confors ont prefenté à la Cour lefdits fieurs Lempereur, Bachelier, d'Efcouy, le Camus & Barron, qui ont fait le ferment accouftumé; puis font venus ouïr la Meffe en l'Eglife faint Mederic, & aprés ont efté inftalez au fiege en la maniere accouftumée.

M. DC. XIX.

1619. Povr l'élection d'vn Iuge & quattre Confuls des Marchands pour l'année 1619. a efté procedé par lefdits fieurs Lempereur, Bachelier, d'Efcouy, le Camus & Barron, le Ieudy trente-vn & dernier iour de Ianuier audit an, en la maniere des années precedentes.

Et ont efté Scrutateurs les Sires *Louis Droyn* & *Iean du Bois*, lefquels ont trouué par le Scrutin eftre demeuré pour

IVGE

Le Sire IEAN GVILLEMOT, Marchand de poiffon de mer, demeurant aux halles, pour auoir eu 34. voix à Iuge.

I. CONSVL

Le Sire ANDRE´ LANGLOIS, Marchand Drapier, demeurant aux halles, pour auoir eu 32. voix à Conful.

II. CONSVL

Ie Sire IEAN SAVARY, Marchand de draps de foye, demeurant ruë au Feuure, pour auoir eu 25. voix à Conful.

III. CONSVL

Le Sire PIERRE DV CHESNES, Marchand Efpicier, demeurant ruë de la Coffonnerie, pour auoir eu 25. voix à Conful.

IV. CONSVL

Le Sire P A S Q V I E R L E R O Y, Marchand Ioyaillier, demeurant fur le Pont aux Changeurs, pour a-
uoir eu 18 voix à Conful.

Et dautant que les Sires Iean Sauary & Pierre du
Chefnes ont eu chacun vingt-cinq voix, & les Sires
Pafquier le Roy & Antoine Molé dix-huit voix à
Conful, a efté aduifé par la compagnie, que les noms
defdits fieurs Sauary & du Chefnes feroient écrits en
deux billets de papier, & mis dans vn chapeau, & le
premier qui en feroit tiré par ledit fieur Lempereur,
demeureroit pour fecond Conful, & l'autre pour troifiéme. Conful. Ce qui auroit efté fait, & a efté ledit
Sauary le premier tiré. Et que pareillement feroient
écrits les noms des fieurs le Roy & Molé, & mis dans
vn chapeau, & le premier qui en feroit tiré, demeureroit pour quatriéme Conful; ce qui auroit efté fait,
& font demeurez ainfi que deffus.

Et le Vendredy premier iour de Feurier audit an
1619. lefdits fieurs Lempereur & confors ont prefenté
à la Cour lefdits fieurs Langlois, Guillemot, Sauary,
du Chefnes & le Roy, qui ont fait le ferment accoûtumé; puis font venus ouïr la Meffe en l'Eglife faint
Mederic, & ont efté inftalez au fiege en la maniere accouftumée.

Et à l'iffuë de l'Audience a efté par les fieurs Lempereur, Bachelier, d'Efcouy, le Camus & Barron,
mis és mains des fieurs Guillemot, Langlois, Sauary,
du Chefnes & le Roy, les pieces & titres concernans
le Greffe de la Iurifdiction, auec l'inuentaire, le tout
eftant dans le coffre fort, duquel leur a efté baillé les
clefs.   n iij

M. DC. XX.

1620. POVR l'élection d'vn Iuge & quatre Consuls des Marchands pour l'année mil six cens vingt a esté procedé par lesdits sieurs Guillemot, Langlois, Sauary, du Chesnes & le Roy, le Samedy premier iour de Feurier audit an , en la forme des années precedentes.

Et ont esté Scrutateurs *Pierre Heron* & *Claude Gobelet*, lesquels ont trouué par le Scrutin estre demeuré pour

IVGE

Le Sire GVILLAVME LESPICIER, Marchand de grains, demeurant prés les Cordeliers, pour auoir eu 29. voix à Iuge.

I. CONSVL

Le Sire SIMON GVILLOIRE, Marchand Apoticaire & Espicier, demeurant ruë saint Iacques de la Boucherie, pour auoir eu 33. voix à Consul.

II. CONSVL

Le Sire IEAN HELLIOT, Marchand Mercier, demeurant sur le Pont Noftre-Dame, pour auoir eu 25. voix à Consul.

III. CONSVL

Le Sire CHARLES GERMAIN, Marchand Drapier, demeurant ruë saint Martin, pour auoir eu 23. voix à Consul.

IV. CONSVL

Le Sire PIERRE CADEAV, Marchand Mercier, demeurant ruë saint Denys, pour auoir eu 13. voix à Consul.

Et dautant que les sieurs Pierre Cadeau & Simon de

Launay ont eu chacun 13. voix à Conful, a efté auifé par la compagnie qu'il feroit tiré au fort auec deux billets dans vn chapeau; & a efté tiré par ledit fieur Guillemot pour le premier le fieur Cadeau, & partant eft demeuré pour quatriéme Conful.

Et le Lundy 3. iour dudit mois de Feurier audit an, lefdits fieurs Guillemot & confors ont prefenté à la Cour lefdits fieurs Lefpicier, Guilloire, Helliot, Germain & Cadeau, qui ont fait le ferment accoûtumé; puis font venus ouïr la Meffe en l'Eglife faint Mederic, & aprés ont efté inftalez au fiege à la maniere accouftumée.

Et à l'iffuë de l'Audience a efté par ledit fieur Guillemot & confors mis és mains defdits fieurs Lefpicier, Guilloire, Helliot, Germain & Cadeau, les pieces & titres concernans le Greffe de ladite Iurifdiction, fuiuant l'inuentaire; le tout eftant dans le coffre fort, duquel leur a efté baillé les clefs.

M. DC. XXI.

Povr l'élection d'vn Iuge & quatre Confuls des Marchands pour l'année mil fix cens vingt-vn, a efté procedé par lefdits fieurs Lefpicier, Guilloire, Helliot, Germain & Cadeau, le Ieudy trentiéme iour de Ianuier audit an, en la forme des années precedentes. 1621.

Et ont efté Scrutateurs les Sires *Iean Leuefque* & *Claude du May*, lefquels ont trouué par le Scrutin eftre demeuré pour

IVGE

Le Sire GVILLAVME MARIER, Marchand

de vin, demeurant ruë ſaint Sauueur, pour auoir eu 27. voix à Iuge.

I. CONSVL

Le Sire FRANÇOIS DENISON, Marchand Eſpicier, demeurant ruë ſaint Denys, pour auoir eu 27. voix à Conſul.

II. CONSVL

Le Sire FRANÇOIS GLVE', Marchand Mercier, demeurant ruë ſaint Denys, pour auoir eu 25. voix à Conſul.

III. CONSVL

Le Sire CHARLES HAMELIN, Marchand Drapier, demeurant ruë ſaint Denys, pour auoir eu 21. voix à Conſul.

IV. CONSVL

Le Sire CLAVDE IEVNESSE, Marchand Mercier, demeurant ruë ſaint Denys, pour auoir eu 18. voix à Conſul.

Et le Lundy premier iour de Feurier audit an, leſdits ſieurs Leſpicier & conſors ont preſenté à la Cour leſdits ſieurs Marier, Deniſon, Glué, Hamelin & Ieuneſſe, qui ont fait le ſerment accouſtumé ; puis ſont venus ouïr la Meſſe en l'Egliſe de ſaint Mederic, & ont eſté inſtalez au ſiege en la maniere accouſtumée.

Et à l'iſſuë de l'Audience a eſté par leſdits ſieurs Leſpicier & conſors mis és mains deſdits ſieurs Marier & conſors les pieces & titres concernans le Greffe de ladite Iuriſdiction ſuiuant l'inuentaire ; le tout eſtant dedans le coffre fort, duquel leur a eſté baillé les clefs, enſemble celles des armoires où ſont pluſieurs autres papiers concernans ladite Iuriſdiction.

M.DC.XXII.

M. DC. XXII.

POVR l'élection d'vn Iuge & quatre Confuls des 1622. Marchands pour l'année 1622. a efté procedé par lefdits fieurs Marier, Denifon, Glué, Hamelin & Ieuneffe, le Mardy premier iour de Feurier audit an 1622. en la forme des années precedentes.

Et ont efté Scrutateurs les Sires *Nicolas Doublet* & *Guillaume Camus*, lefquels ont trouué par le Scrutin eftre demeuré pour

IVGE

Le Sire IEAN BEAVCOVSIN, Marchand Orfeure, demeurant à la Monnoye, pour auoir eu toutes les voix à Iuge.

I. CONSVL

Le Sire IEAN DESLAVIERS, Marchand de draps de foye, du corps de la Mercerie, pour auoir eu 34. voix à Conful.

II. CONSVL

Le Sire LOVIS DE CREIL, Marchand Drapier, demeurant ruë Truanderie, pour auoir eu auffi 34. voix à Conful.

III. CONSVL

Le Sire THOMAS COLICHON, Marchand Efpicier, demeurant ruë au Feuure, pour auoir eu 24. voix à Conful.

IV. CONSVL

Le Sire MARIN GVYET, Marchand de vin, demeurant ruë dite Place aux veaux, pour auoir eu 22. voix à Conful.

Et dautant que les fieurs Deflauiers & de Creil fe

sont trouuez auoir eu chacun trente-quatre voix à Conful, a esté aduisé par la compagnie que leurs noms seroient écrits en deux billets & mis dans vn chapeau, & que le premier qui seroit tiré par ledit sieur Marier, demeureroit pour premier Conful : ce qui auroit esté fait, & seroit aduenu que le nom dudit sieur Deslauiers auroit esté le premier tiré, & partant est demeuré.

Et le Vendredy quatriéme iour dudit mois de Feurier, lesdits sieurs Marier & confors ont presenté à la Cour lesdits sieurs Beaucousin, Deslauiers, de Creil, Colichon & Guyet, qui ont fait le serment accoûtumé ; puis sont venus ouïr la Messe en l'Eglise saint Mederic, puis aprés ont esté instalez au siege à la maniere accoustumée.

Et à l'issuë de l'Audience a esté par lesdits sieurs Marier & confors mis és mains desdits sieurs Beaucousin & confors, les pieces & titres concernans le Greffe de ladite Iurifdiction ; le tout estant dans le coffre fort, duquel leur a esté baillé les clefs, ensemble celles des armoires où font plusieurs autres papiers concernans ladite Iurifdiction.

M. DC. XXIII.

1623.

POVR l'élection d'vn Iuge & quatre Confuls des Marchands pour l'année mil six cens vingt-trois, a esté procedé par lesdits sieurs Beaucousin, Deslauiers, de Creil, Colichon & Guyet, le Mardy trente-vn & dernier iour de Feurier audit an, en la forme des années precedentes.

Et ont esté Scrutateurs les Sires *Charles Hamelin*

& *Nicolas de Hault*, lefquels ont trouué par le Scrutin eftre demeuré pour

IVGE

Le Sire OLIVIER PICQVE, Marchand groffier Mercier, demeurant ruë faint Denys, pour auoir
eu toutes les voix à Iuge.

I. CONSVL

Le Sire PIERRE DE PLANCY, Marchand Apoticaire & Efpicier, demeurant ruë faint Honoré, pour
auoir eu 34. voix à Conful.

II. CONSVL

Le Sire IEAN TRONCHOT, Marchand Drapier,
demeurant ruë faint Denys, pour auoir eu 31. voix
à Conful.

III. CONSVL

Le Sire ANTOINE DOVBLET, Marchand groffier Mercier, demeurant ruë faint Denys, pour auoir
eu 26. voix à Conful.

IV. CONSVL

Le Sire PIERRE TOVZET, Marchand Orfeure,
demeurant à la Monnoye, pour auoir eu 18. voix
à Conful.

Et le Mercredy premier iour de Feurier audit an,
lefdits fieurs Beaucoufin & confors ont prefenté à la
Cour lefdits fieurs Picque, de Plancy, Tronchot, Doublet & Touzet, qui ont fait le ferment accouftumé;
puis font venus ouïr la Meffe en l'Eglife faint Mederic, & aprés ont efté inftalez au fiege en la maniere accouftumée. Et à la leuée du fiege leur ont efté
mis és mains les clefs du coffre & armoires où font
les papiers.

M. DC. XXIV.

1624. Povr l'élection d'vn Iuge & quatre Consuls des Marchands pour l'année 1624. a esté procedé par lesdits sieurs Picque, Tronchot, Doublet & Touzet, le Ieudy premier iour de Feurier audit an, en la forme des années precedentes.

Et ont esté Scrutateurs les Sires *Pierre le Feure* & *Pierre Turquet*, lesquels ont trouué par le Scrutin estre demeuré pour

IVGE

Le Sire IEAN BACHELIER, Marchand Drapier, demeurant grande ruë saint Iacques, pour auoir eu toutes les voix à Iuge.

I. CONSVL

Le Sire GVILLAVME GVERIN, Marchand Espicier, demeurant ruë de la Harpe, pour auoir eu 28. voix à Consul.

II. CONSVL

Le Sire AVGVSTIN SANTEVIL, Marchand Mercier, demeurant ruë S. Denys, pour auoir eu 25. voix à Consul.

III. CONSVL

Le Sire DENYS DE S. GENY, Marchand de grains, & l'vn des Quarteniers de la Ville, demeurant ruë de la Mortellerie, pour auoir eu 19. voix à Consul.

IV. CONSVL

Le Sire ALEXANDRE LIGER, Marchand Mercier, demeurant ruë Trousse-vache, pour auoir eu 17. voix à Consul.

Et le Lundy cinquiéme iour dudit mois de Feurier,

lefdits fieurs Picque, Tronchot, Doublet & Touzet
ont prefenté à la Cour lefdits fieurs Bachelier, Guerin, Santeuil, S. Geny & Liger , qui ont fait le ferment accouftumé, puis font venus ouïr la Meffe en
l'Eglife faint Mederic, & puis ont efté inftalez au fiege à la maniere accouftumée, & à eux baillé les clefs
des coffre & armoires des papiers.

M. DC. XXV.

POVR l'élection d'vn Iuge & quatre Confuls des
Marchands pour l'année 1625. a efté procedé par lefdits fieurs Bachelier, Guerin, Santeuil, S. Geny & Liger, le Samedy premier Feurier audit an 1625. en la forme des années precedentes.

Et ont efté Scrutateurs les Sires *Pierre Perier* & *Iean
de Verdun*, lefquels ont troüué par le Scrutin eftre demeuré pour

IVGE

Le Sire IACQVES BENOISE, Marchand Orfeure,
demeurant au bout du Pont au Change, pour auoir
eu toutes les voix à Iuge.

I. CONSVL

Le Sire IEAN LA GOGVE, Marchand Mercier,
demeurant fur le Pont Noftre-Dame, pour auoir eu
30. voix à Conful.

II. CONSVL

Le Sire MARC NICOLAS, Marchand Apoticaire,
demeurant ruë faint Antoine, pour auoir eu 25. voix
à Conful.

III. CONSVL

Le Sire MICHEL SONNIVS, Marchand Libraire,

demeurant grande ruë saint Iacques, pour auoir eu 23. voix à Conful.

IV. CONSVL

Le Sire NICOLAS DE HAVLT, Marchand Drapier, demeurant ruë de la Harpe, pour auoir eu 19. voix à Conful.

Et le Lundy troifiéme iour de Feurier lefdits fieurs Bachelier & confors ont prefenté à la Cour lefdits fieurs Benoife, la Gogue, Nicolas, Sonnius & de Hault, qui ont fait le ferment accouftumé ; puis font venus ouïr la Meffe en l'Eglife faint Mederic : & aprés icelle ont efté inftalez au fiege en la maniere accouftumée, & les clefs des coffre & armoires à eux baillées.

M. D C XXVI.

1626. POVR l'élection d'vn Iuge & quatre Confuls des Marchands pour l'année mil fix cens vingt-fix a efté procedé par lefdits fieurs Benoife, la Gogue, Nicolas, Sonnius & de Hault, le Samedy dernier iour de Ianuier audit an, en la forme des années precedentes.

Et ont efté Scrutateurs les Sires *Iean Bachelier*, ancien Conful, & *Iean le Marchand*, lefquels ont trouué par le Scrutin eftre demeuré pour

IVGE

Le Sire PIERRE HACHETTE, Marchand Bonnetier, demeurant au bout du Petit Pont deuant le Portail de l'Hoftel-Dieu, pour auoir eu 18. voix à Iuge.

I. CONSVL

Le Sire IEAN BAZIN, Marchand Drapier, &

Conſeiller de la Ville, demeurant ruë ſaint Honoré ,
pour auoir eu 30. voix à Conſul.

II. CONSVL

Le Sire LEONARD TORENTIER , Marchand
Eſpicier, demeurant au Marché aux Poirées, pour a-
uoir eu 22. voix à Conſul.

III. CONSVL

Le Sire PIERRE PINCEBOVRDE , Marchand
Orfeure, demeurant ruë de la Sauonnerie, pour auoir
eu 18. voix à Conſul.

IV. CONSVL

Le Sire GVILLAVME BAILLON , Marchand
Bonnetier, demeurant ruë ſaint Iacques de la Boucherie, pour auoir eu 18. voix à Conſul.

Et dautant que les ſieurs Pierre Pincebourde &
Guillaume Baillon ont eu chacun dix-huit voix à
Conſul, auroit eſté aduiſé par la compagnie que leurs
noms écrits en deux billets de papier ſeroient mis
dans vn chapeau, & le premier qui en ſeroit tiré par
ledit ſieur Benoiſe, demeureroit troiſiéme Conſul: ce
qui auroit eſté fait, & partant demeuré pour troiſiéme Conſul ledit ſieur Pincebourde.

Et le Mercredy quatriéme iour dudit mois de Feurier audit an, leſdits ſieurs Benoiſe & conſors ont
preſenté à la Cour leſdits ſieurs Hachette, Bazin, Torentier, Pincebourde & Baillon, qui ont fait le ſerment accouſtumé ; puis ſont venus ouïr la Meſſe en
l'Egliſe ſaint Mederic : & aprés icelle ont eſté inſtalez au ſiege en la maniere accouſtumée, & les clefs du
coffre & armoires à papiers à eux baillées,

M. DC. XXVII.

1627. POVR l'élection d'vn Iuge & quatre Consuls des Marchands pour l'année mil six cens vingt-sept a esté procedé par lesdits sieurs Hachette, Bazin, Torentier, Pincebourde & Baillon, le Samedy trentiéme Ianuier 1627. en la forme des années precedentes.

Et ont esté Scrutateurs les Sires *François du Quesnoy & Claude Caignet*, lesquels ont trouué par le Scrutin estre demeuré pour

IVGE

Noble homme SIMON MARCEZ, Marchand Orfeure, Quartenier, & ancien Escheuin de cette Ville, demeurant prés le Grand Chastelet, pour auoir eu toutes les voix à Iuge.

I. CONSVL

Le Sire ADRIAN DEVIN, Marchand Drapier, demeurant ruë saint Denys, pour auoir eu 28. voix à Consul.

II. CONSVL

Le Sire NICOLAS DE LESTRE, Marchand grossier Mercier, demeurant ruë des Lombards, pour auoir eu 23. voix à Consul.

III. CONSVL

Le Sire CLAVDE GIROVART, Marchand Pelletier, demeurant ruë vieille Cordonnerie, pour auoir eu 17. voix à Consul.

IV. CONSVL

Le Sire GILLES LE RAT, Marchand Apoticaire & Espicier, demeurant ruë saint Antoine, pour auoir eu 17. voix à Consul.

Et

Et dautant que les fieurs Gilles le Rat & Claude Girouart auroient eu chacun dix-fept voix à Conful,
auroit efté aduifé par la compagnie, que leurs noms
feroient écrits en deux billets de papier, & mis dans
vn chapeau, & le premier qui en feroit tiré par ledit
fieur Hachette, demeureroit pour troifiéme Conful: Ce
qui auroit efté fait, & auroit ledit fieur Girouart efté
tiré le premier, & partant demeuré pour 3. Conful.

Et le Lundy premier iour de Feurier audit an, lefdits fieurs Hachette & confors ont prefenté à la Cour
lefdits fieurs Marcez, Deuin, de Leftre, Girouart & le
Rat, qui ont fait le ferment accouftumé ; puis font
venus ouïr la Meffe en l'Eglife faint Mederic, & a-
prés icelle ont efté inftalez au fiege en la maniere accouftumée, & à eux baillé les clefs des coffre & armoires
où font les papiers.

M. DC. XXVIII.

POVR l'élection d'vn Iuge & quatre Confuls des 1628.
Marchands pour l'année 1628. a efté procedé par lefdits fieurs Marcez, Deuin, de Leftre, Girouart & le
Rat, le Mardy premier iour de Feurier 1628. en la
forme des années precedentes.

Où ont efté Scrutateurs les Sires *Pierre Cadeau*
& *Claude Ieuneffe*, lefquels ont trouué par le Scrutin
eftre demeuré pour

IVGE

Noble homme IACQVES DE CREIL, cy deuant
Marchand Bourgeois de Paris, du corps de la Mercerie, & ancien Efcheuin de cette Ville, demeurant ruë
Porte-foin prés les Enfans rouges, pour auoir eu toutes
les voix à Iuge.

II. Part.   P

I. CONSVL

Le Sire CLAVDE BOVCHER, Marchand Drapier, demeurant ruë faint Antoine, pour auoir eu 30. voix à Conful.

II. CONSVL

Le Sire MARTIN RAFRON, Marchand Efpicier, demeurant ruë faint Denys, pour auoir eu 24. voix à Conful.

III. CONSVL

Le Sire IEAN GARNIER, Marchand groffier Mercier, demeurant ruë faint Denys, pour auoir eu 23. voix à Conful.

IV. CONSVL

Le Sire PIERRE FILLACIER, Marchand Orfeure, demeurant fur le Quay de la Megifferie, pour auoir eu 13. voix à Conful.

Et le Vendredy quatriéme iour dudit mois de Feurier 1628. lefdits fieurs Marcez, Deuin, de Leftre, Girouart, & le Rat ont prefenté à la Cour lefdits fieurs Boucher, Rafron, Garnier & Fillacier, qui ont fait le ferment accouftumé; puis font venus ouïr la Meffe en l'Eglife faint Mederic, & aprés icelle ont efté inftalez au fiege en la maniere accouftumée.

Et quant audit fieur de Creil il ne feroit comparu à la Cour, à caufe de fon indifpofition; & par l'auis defdits fieurs, ledit fieur Marcez auroit ledit iour tenu la place de Iuge en l'Audience, à la fin de laquelle les titres & pieces concernans le Greffe de ladite Iurifdiction fuiuant l'inuentaire, ont efté baillez aufdits fieurs Boucher & confors, enfemble les clefs des armoires où font d'autres papiers concernans ladite Iurifdiction.

Et le Lundy vingt-vniéme iour dudit mois de Feurier ledit fieur Marcez ancien Iuge, auec lefdits fieurs Rafron, Garnier & Fillacier en l'abfence dudit fieur Boucher malade, auroient prefenté à la Cour ledit fieur de Creil, qui a fait le ferment accouftumé; puis font venus ouïr la Meffe en l'Eglife faint Mederic, & aprés icelle a efté inftalé au fiege en la maniere accouftumée: Et à l'iffuë de l'Audience luy ont efté baillées les clefs par ledit fieur Marcez, & à luy fait lecture de l'inuentaire defdites pieces & titres, qu'il auroit receuës auec lefdits fieurs Rafron & confors.

M. DC. XXIX.

Povr l'élection d'vn Iuge & quatre Confuls des Marchands pour l'année 1629. a efté procedé par lefdits fieurs de Creil, Boucher, Rafron, Garnier & Fillacier, le Ieudy premier iour de Feurier 1629. en la forme des années precedentes.

Et ont efté Scrutateurs les Sires *Iean Barron* & *André Ferru*, lefquels ont trouué par le Scrutin eftre demeuré pour

IVGE

Le Sire CLAVDE GONIER, Marchand Apoticaire & Efpicier, demeurant ruë fainte Auoye, pour auoir eu toutes les voix à Iuge.

I. CONSVL

Le Sire CLAVDE YON, Marchand Mercier, demeurant ruë faint Denys, pour auor eu 34. voix à Conful.

II. CONSVL

Le Sire IEAN LE MESSIER, Marchand Drapier,

demeurant ruë Iean de l'Efpine, pour auoir eu 29. voix à Conful.

III. CONSVL

Le Sire PIERRE EVSTACHE, Marchand Efpi‑cier, & Quartenier de la Ville, demeurant ruë de la Coffonnerie, pour auoir eu 25. voix à Conful.

IV. CONSVL

Le Sire CLAVDE DE LA NOVE, Marchand Or‑feure, demeurant ruë faint Denys, pour auoir eu 13. voix à Conful.

Et le Lundy 5. iour dudit mois de Feurier, lefdits fieurs de Creil & confors ont prefenté à la Cour les fieurs Gonier, Yon, le Meffier, Euftache & de la Nouë, qui ont fait le ferment accouftumé; puis font allez ouïr la Meffe en l'Eglife S. Mederic, & aprés icel‑le ont efté inftalez au fiege en la maniere accouftu‑mée, & les titres & papiers à eux deliurez à l'ordi‑naire.

M. DC. XXX.

1630. POVR l'élection d'vn Iuge & quatre Confuls des Marchands pour l'année 1630. a efté procedé par lef‑dits fieurs Gonier, Yon, le Meffier, Euftache & de la Nouë, le Ieudy dernier iour de Ianuier 1630. en la for‑me des années precedentes.

Et ont efté Scrutateurs les Sires *Michel Sonnius & Pierre Doublet*, lefquels ont trouué par le Scrutin eftre demeuré pour

IVGE

Le Sire IEAN DE COMPANS, Marchand Drapier, demeurant ruë de la Lanterne, pour auoir eu toutes les voix à Iuge.

I. CONSVL

Le Sire CLAVDE DE BAILLOV, Marchand Apoticaire & Efpicier, demeurant ruë des Arfis, pour auoir eu 31. voix à Conful.

II. CONSVL

Le Sire FRANÇOIS ROBIN, Marchand Mercier, demeurant ruë faint Denys, pour auoir eu 27. voix à Conful.

III. CONSVL

Le Sire PIERRE MACE', Marchand de bois, demeurant ruë Tifferanderie, pour auoir eu 22. voix à Conful.

IV. CONSVL

Le Sire LOVIS HACTE, Marchand Mercier, demeurant ruë au Feure, pour auoir eu 21. voix à Conful.

Et le Vendredy premier iour de Feurier audit an, lefdits fieurs Gonier, Yon, le Meffier, Euftache & de la Nouë ont prefenté à la Cour lefdits fieurs de Compans, de Baillou, Robin, Macé & Hacte, qui ont fait le ferment accouftumé; puis font venus ouïr la Meffe en l'Eglife faint Mederic, & aprés icelle ont efté inftalez au fiege en la maniere accoûtumée, & les titres & papiers à eux liurez à l'ordinaire.

M. DC. XXXI.

POVR l'élection d'vn Iuge & quatre Confuls des Marchands pour l'année 1631. a efté procedé par lefdits fieurs de Compans, de Baillou, Macé & Hacte, le Samedy 1. iour de Feurier 1631. en la forme des années precedentes.

Et ont esté Scrutateurs les sieurs *Guillaume Baillon & Antoine Sainctot*, lesquels ont trouué par le Scrutin estre demeuré pour

IVGE

Noble homme GVILLAVME PERIER, Marchand de vin, & ancien Escheuin de cette Ville, demeurant ruë du Petit Lyon, pour auoir eu toutes les voix à Iuge.

I. CONSVL

Le Sire LOVIS DE COMPANS, Marchand Drapier, demeurant ruë de la vieille Monnoye, pour auoir eu 34. voix à Consul.

II. CONSVL

Le Sire IACQVES PASSART, Marchand Mercier, demeurant ruë de la Cossonnerie, pour auoir eu 26. voix à Consul.

III. CONSVL

Le Sire CLAVDE FOVCAVLT, Marchand Espicier, demeurant ruë de la Calande, pour auoir eu 26. voix à Consul.

IV. CONSVL

Noble homme ESTIENNE HEVRLOT, Marchand de poisson, ancien Escheuin & Quartenier de cette Ville, demeurant sur le Quay de la Megisserie, pour auoir eu 16. voix à Consul.

Et dautant que lesdits sieurs Passart & Foucault auoient eu chacun vingt-six voix, a esté aduisé par la compagnie, que leurs noms seroient mis chacun en vn billet dans vn chapeau, & que le premier qui en seroit tiré par ledit sieur de Compans Iuge, demeureroit deuxiéme Consul, & l'autre pour troisiéme

Conful. Ce qui auroit efté fait, & ledit fieur Paffart demeuré deuxiéme Conful, & Foucault troifiéme Conful.

Et le Lundy troifiéme iour dudit mois de Feuriet audit an 1631. lefdits fieurs de Compans & confors ont prefenté à la Cour lefdits fieurs Perier, de Compans, Paffart, Foucault & Heurlot, qui ont fait le ferment accouftumé; puis font venus ouïr la Meffe en la Chapelle de la Iurifdiction Confulaire:& aprés icelle ont efté inftalez au fiege en la maniere accouftumée, & les titres à eux liurez à l'ordinaire.

Le decés eftant arriué dudit fieur Eftienne Heurlot, lefdits fieurs Perier, de Compans, Paffart & Foucault auroient fait affemblée des anciens Iuges & Confuls, & des Maiftres & Gardes des fix Corps des Marchands, & mis en deliberation fi l'on éliroit vn autre Conful au lieu dudit defunt Heurlot: par laquelle affemblée fut aduifé que l'on procederoit à l'élection d'vn autre, qui tiendroit la quatriéme place de Conful.

Suiuant laquelle refolution le Samedy troifiéme May 1631. de releuée fut procedé à l'élection : Et furent Scrutateurs les Sires *Pafquier le Roy* & *Claude Boucher*, lefquels trouuerent par le Scrutin eftre demeuré pour

IV. CONSVL

Le Sire FRANÇOIS GOGER, Marchand Bonnetier, demeurant ruë faint Denys prés la Porte de Paris, pour auoir eu 22. voix à Conful.

Et le Lundy cinquiéme iour du mois de May lefdits fieurs Perier, de Compans, Paffart & Foucault ont prefenté à la Cour ledit fieur Goger, qui a fait le ferment de quatriéme Conful, comme appert par l'Arreſt cy-aprés tranſſcrit; puis ledit iour a eſté inſtalé au ſiege en la maniere accouſtumée.

La Cour, requerant le Procureur General du Roy, François Goger Marchand Bonnetier éleu par la Communauté des Marchands pour quatriéme Conful, au lieu de feu Eſtienne Heurlot nagueres decedé, mandé: a eſté ledit Goger receu en ladite charge, & fait le ferment accouſtumé. Fait en Parlement le 5. iour de May 1631.

M. D C. XXXII.

1632. Povr l'élection d'vn Iuge & quatre Confuls des Marchands pour l'année 1632. a eſté procedé par leſdits ſieurs Perier, de Compans, Foucault & Goger, le Samedy dernier iour de Ianuier 1632. en la forme des années precedentes.

Et ont eſté Scrutateurs les ſieurs *Claude. Ieuneſſe* & *Louis du Bois*, leſquels ont trouué par le Scrutin eſtre demeuré pour

IVGE

Le Sire IACQVES HERON, Marchand Eſpicier, demeurant ruë de la vieille Monnoye, pour auoir eu toutes les voix à Iuge.

I. CONSVL

Le Sire PIERRE CHESNART, Marchand Drapier, demeurant ruë ſaint Honoré, pour auoir eu 32. voix à Conful.

II. CONSVL

Le Sire MATHVRIN BODEAV, Marchand Mercier, demeurant ruë Aubry-Boucher, pour auoir eu 22. voix à Conful.

III. CON-

III. CONSVL

Le Sire IEAN LE IVGE, Marchand de vin, demeurant ruë Montagne sainte Geneuiefue, pour auoir
eu 21. voix à Consul.

IV. CONSVL

Le Sire PIERRE PERIER, Marchand Apoticaire & Espicier, demeurant ruë neuue saint Mederic,
pour auoir eu aussi 21. voix à Consul.

Et dautant que les Sires Pierre Perier, & Iean le Iuge auroient eu chacun vingt-vne voix, a esté aduisé
par la compagnie, que leurs noms seroient mis chacun en vn billet dans vn chapeau, & que le premier
qui en seroit tiré par le sieur Perier Iuge, demeureroit pour troisiéme Consul, & l'autre pour quatriéme.
Ce qui auroit esté fait, & lors ledit le Iuge ayant esté
tiré le premier, est demeuré pour troisiéme Consul,
& ledit sieur Perier pour quatriéme Consul.

Et le Mercredy quatriéme iour dudit mois de Feurier lesdits sieurs Perier, de Compans, Foucault &
Goger ont presenté à la Cour lesdits sieurs Heron,
Chesnart, Bodeau, le Iuge & Perier, qui ont fait le
serment accoustumé; puis sont venus ouïr la Messe en
la Chapelle de ladite Iurisdiction Consulaire: & aprés
icelle ont esté installez au siege & audience en la maniere accoustumée, & deliurance des titres à eux faite à l'ordinaire.

Le decés estant arriné dudit sieur Pierre Perier, lesdits sieurs Heron, Chesnart, Bodeau & le Iuge auroient le Mercredy de releuée vingt-troisiéme iour de
Mars audit an 1632. fait assemblée des anciens Iuges &
Consuls, & des Maistres & Gardes des six Corps des

Marchands, pour proceder à l'élection d'vn autre quatriéme Conful, au lieu dudit defunt fieur Perier.

Et ont efté Scrutateurs les fieurs *Sonnius* & *Foucaut*, qui auroient trouué par leur Scrutin les fires Mathurin Moncheny & Iacques Darques auoir eu chacun douze voix à Conful: à caufe dequoy a efté aduifé par la compagnie, que leurs noms feroient mis en vn billet dans vn chapeau, & que le premier qui feroit tiré par ledit fieur Heron Iuge, demeureroit pour quatriéme Conful. Ce qui auroit efté fait, & ledit fieur Moncheny ayant efté tiré le premier, feroit demeuré pour

IV. CONSVL

Ie Sire MATHVRIN MONCHENY, Marchand Apoticaire & Efpicier, demeurant prés faint Euftache, pour auoir eu 12. voix à Conful.

Et le Mercredy vingt-quatriéme iour dudit mois, lefdits fieurs Heron & confors ont prefenté à la Cour ledit fieur Moncheny, qui a fait le ferment de quatriéme Conful, comme appert par l'Arreft cy-aprés tranfcrit ; puis ledit iour a efté inftalé au fiege en la maniere accouftumée.

La Cour, requerant le Procureur General du Roy, Mathurin Moncheny Marchand Apoticaire & Efpicier, éleu par la Communauté des Marchands pour quatriéme Conful, au lieu de feu Pierre Perier nagueres decedé, mandé, a fait le ferment accouftumé. Fait en Parlement le 24. iour de Mars 1632.

Le decés eftant aduenu dudit fieur Pierre Chefnart, lefdits fieurs Heron, Bodeau, le Iuge & Moncheny auroient le Samedy de releuée trentiéme & dernier iour de Iuillet audit an 1632. fait assemblée des anciens Iuges & Consuls, & des Maiftres & Gardes des fix Corps des Marchands, pour proceder à l'élection d'vn Conful, attendu le decés dudit defunt fieur Chefnart.

Et ont efté Scrutateurs les fieurs *Michel Sonniu* & *Iean Lindo*, qui auroient trouué par le Scrutin pour

I V. CONSVL

Le Sire THIERRY BLONDEL, Marchand Drapier, demeurant prés le Petit Chaftelet, deuant la barriere des Sergens, pour auoir eu 16. voix à Conful.

Et le Lundy deuxiéme iour d'Aouft 1632. lefdits fieurs Heron, Bodeau, le Iuge & Moncheny ont prefenté à la Cour ledit fieur Blondel, qui a fait le ferment, & ledit iour inftalé par lefdits fieurs en la maniere accouftumée.

M. DC. XXXIII.

POVR l'élection d'vn Iuge & quatre Confuls des Marchands pour l'année 1633. a efté procedé par lefdits fieurs Bodeau, le Iuge, Moncheny & Blondel, le Mardy premier iour de Feurier 1633. en la forme des années precedentes. 1633.

Et ont efté Scrutateurs les Sires *François Denyfot* & *Iean Lindo*, lefquels ont trouué par le Scrutin eftre demeuré pour

I V G E

Noble homme PIERRE GOVION, Marchand Bourgeois & ancien Efcheuin de cette ville de Paris, demeurant ruë de Montmartre, pour auoir eu toutes les voix à Iuge.

I. CONSVL

Le Sire NICOLAS DE CREIL, Marchand groffier Mercier, & Quartenier de cette Ville, demeurant
ruë faint Denys, pour auoir eu 33. voix à Conful.

II. CONSVL

Le Sire PIERRE LE BREST, Marchand Drapier, demeurant ruë faint Honoré, pour auoir eu 32.
voix à Conful.

III. CONSVL

Le Sire IACQVES DARQVES, Marchand Pelletier, demeurant ruë vieille Cordonnerie, pour auoir
eu 23. voix à Conful.

IV. CONSVL

Le Sire PIERRE BARBIER, Marchand Efpi-
cier, demeurant ruë faint Denys, pour auoir eu 21. voix
à Conful.

Et le Vendredy quatriéme iour du mois de Feurier
audit an 1633 lefdits fieurs Bodeau, le Iuge, Moncheny & Blondel ont prefenté à la Cour lefdits fieurs
Goujon, de Creil, le Breft, Darques & Barbier, qui
ont fait le ferment accouftumé; puis font venus ouïr
la Meffe en la Chapelle de la Iurifdiction Confulaire:
& aprés icelle ont efté inftalez au fiege en la maniere
accouftumée, & deliurance à eux faite des titres &
papiers à l'ordinaire.

M. DC. XXXIV.

1634. POVR l'élection d'vn Iuge & quatre Confuls des
Marchands pour l'année 1634. a efté procedé par lef-
dits fieurs Goujon, de Creil, le Breft, Darques &
Barbier, le Mardy dernier iour de Ianuier mil fix

cens trente - quatre, en la forme des années precedentes.

Et ont esté Scrutateurs les sieurs *Adrian Deuin* &
Iean Lindo, lesquels ont trouué par le Scrutin estre demeuré pour

IVGE

Le Sire PIERRE CADEAV, Marchand grossier
Mercier, demeurant ruë saint Denys, pour auoir eu
toutes les voix à Iuge.

I. CONSVL

Le Sire CLAVDE BOVE´, Marchand Drapier,
demeurant ruë saint Antoine, pour auoir eu 34. voix
à Consul.

II. CONSVL

Le Sire IEAN BAZOVIN, Marchand Apoticaire & Espicier, demeurant grande ruë saint Iacques,
pour auoir eu 32. voix à Consul.

III. CONSVL

Le Sire PARIS TVRQVET, Marchand Ioyaillier,
demeurant grande ruë Truanderie , pour auoir eu
aussi 32. voix à Consul.

IV. CONSVL

Le Sire RENE´ DE LA HAYE, Marchand Orfeure, demeurant sur le Quay de l'Isle du Palais, pour
auoir eu 25. voix à Consul.

Et dautant que lesdits sieurs Iean Bazouin & Paris
Turquet auoient chacun trente-deux voix à Consul,
a esté aduisé par la compagnie, que leurs noms seroient
mis chacun en vn billet dans vn chapeau, & que le
premier qui en seroit tiré par ledit sieur Goujon Iuge, demeureroit pour deuxiéme Consul , & l'autre

pour troisiéme. Ce qui auroit esté fait, & ledit sieur
Bazouin tiré le premier, & partant demeuré pour
deuxiéme, & ledit sieur Turquet pour troisiéme
Consul.

Et le Mercredy premier iour de Feurier audit an,
lesdits sieurs Goujon, de Creil, le Brest, Darques &
Barbier ont presenté à la Cour lesdits sieurs Cadeau,
Boüé, Bazouin, Turquet & de la Haye, qui ont fait
le serment accoustumé; puis sont venus ouïr la Messe
en la Chapelle de la Iurisdiction Consulaire: & aprés
icelle ont esté instalez au siege & audience en la maniere accoustumée, & depuis leur ont esté deliurez
les titres & papiers de ladite Iurisdiction.

M. DC. XXXV.

1635. Povr l'élection d'vn Iuge & quatre Consuls des
Marchands pour l'année 1635. a esté procedé par lesdits sieurs Cadeau, Boüé, Bazouin, Turquet & de la
Haye, le Ieudy premier iour de Feurier audit an, en
la maniere des années precedentes.

Et ont esté Scrutateurs les sieurs *Claude Ieunesse* &
Claude Foucault, lesquels ont trouué par le Scrutin estre
demeuré pour

I V G E

Le Sire FRANÇOIS DENISON, Marchand Espicier, demeurant ruë saint Denys, pour auoir eu 30.
voix à Iuge.

I. CONSVL

Le Sire LAVRENT HERSANT, Marchand Dra-
pier, demeurant sur le Petit Pont, pour auoir eu 31.
voix à Consul.

II. CONSVL

Noble homme PAMPHILE DE LA COVR, Marchand du corps de la Mercerie, Confeiller & ancien Efcheuin de cette Ville, demeurant ruë Champ-verrerie, pour auoir eu 29. voix à Conful.

III. CONSVL

Le Sire IEAN LEVESQVE, Marchand Bonne-tier, demeurant fur le Pont Noftre-Dame, pour a uoir eu 23. voix à Conful.

IV. CONSVL

Le Sire ANTOINE HERON, Marchand Efpicier, demeurant ruë faint Iacques de la Boucherie, pour auoir eu 23. voix à Conful.

Et dautant que les fieurs Iean Leuefque & Antoine Heron auroient eu chacun vingt-trois voix à Conful, a efté auifé par la compagnie que leurs noms feroient mis chacun en vn billet dans vn chapeau, & que le premier qui en feroit tiré par ledit fieur Cadeau Iuge, demeureroit pour troifiéme Conful, & l'autre pour quatriéme. Ce qui auroit efté fait, & ledit fieur Leuefque tiré le premier eft demeuré pour troifiéme Conful, & le fieur Heron pour quatriéme Conful.

Et le Lundy cinquiéme iour dudit mois de Feurier au dit an 1655. lefdits fieurs Cadeau, Boüé & confors auroient prefenté à la Cour lefdits fieurs Denifon, Herfant, de la Cour, Leuefque & Heron, qui ont fait le ferment accouftumé, puis font venus ouïr la Meffe en la Chapelle de la Iurifdiction Confulaire: & aprés icelle ont efté inftalez au fiege & audience en la maniere accouftumée, & puis deliurance à eux faite des titres & papiers.

M. DC. XXXVI.

1636. POVR l'élection d'vn Iuge & quatre Consuls des Marchands pour l'année 1636. a esté procedé par lesdits sieurs Herfant, de la Cour, Leuesque & Heron, le Ieudy trente-vniéme de Ianuier 1636. en la maniere des années precedentes.

Et ont esté Scrutateurs les sieurs *Claude Foucault* & *Mathurin Moncheny*, lesquels ont trouué par le Scrutin estre demeuré pour

IVGE

Le Sire AVGVSTIN SANTEVIL, Marchand Mercier, demeurant ruë saint Denys, pour auoir eu 32. voix à Iuge.

I. CONSVL

Le Sire IEAN BACHELIER, Marchand Mercier, demeurant ruë saint Denys, pour auoir eu 34. voix à Consul.

II. CONSVL

Le Sire RENE' BAVDART, Marchand Apoticaire & Espicier, demeurant ruë neuue saint Mederic, pour auoir eu 31. voix à Consul.

III. CONSVL

Le Sire ROBERT DE SAINT IEAN, Marchand Drapier, demeurant ruë saint Honoré, pour auoir eu 26. voix à Consul.

IV. CONSVL

Le Sire SEBASTIEN CRAMOISY, Marchand Libraire & Imprimeur ordinaire du Roy, demeurant grande ruë saint Iacques, pour auoir eu 24. voix à Consul.

Et

Et le Vendredy premier iour de Feurier lefdits fieurs Herfant, de la Cour, Leuefque & Heron ont prefen-té à la Cour lefdits fieurs Santeuil, Bachelier, Baudart, Saint-Iean & Cramoify, qui ont fait le ferment accouftumé ; puis font venus ouïr la Meffe en la Chapelle de la Iurifdiction Confulaire: & aprés icelle ont efté inftalez au fiege & audience publique en la maniere accouftumée, & puis deliurance à eux faite des titres & papiers de ladite Iurifdiction.

M. DC. XXXVII.

POVR l'élection d'vn Iuge & quatre Confuls des Marchands pour l'année 1637. a efté procedé par lefdits fieurs Auguftin Santeuil, Iean Bachelier, René Baudart, Robert de Saint-Iean & Sebaftien Cramoify, le Samedy dernier iour de Ianuier 1637. en la maniere des années precedentes.

Et ont efté Scrutateurs les fieurs *Charles Germain & Pamphile de la Cour* anciens Confuls, lefquels ont trouué par le Scrutin eftre demeuré pour

IVGE

Le Sire DENYS DE S. GENIS, Marchand, & l'vn des Quarteniers de cette ville de Paris, demeurant ruë Mortellerie, pour auoir eu 32. voix à Iuge.

I. CONSVL

Le Sire CHARLES GOVRLIN, Marchand du corps de la Mercerie, demeurant ruë au Feurre, pour auoir eu 32. voix à Conful.

II. CONSVL

Le Sire LAZARE GRELAND, Marchand Efpicier, demeurât ruë de la Harpe, pour auoir eu 30. voix à Conful.

III. CONSVL

Le Sire HENRY BERAND, Marchand Drapier, demeurant ruë saint Honoré, pour auoir eu 29. voix à Conful.

IV. CONSVL

Le Sire PHILIPPES LE ROVX, Marchand Pelletier, demeurant ruë vieille Cordonnerie, pour auoir eu 20. voix à Conful.

Et le Mercredy 4. iour de Feurier 1637. lefdits fieurs Santeuil, Bachelier, Baudart, de S. Iean & Cramoify ont prefenté à la Cour lefdits fieurs de S. Genis, Gourlin, Greland, Berand & le Roux, qui ont fait le ferment accouftumé; puis font venus ouïr la Meffe en la Chapelle de la Iurifdiction Confulaire : & aprés icelle ont efté inftalez au fiege & audience en la maniere accouftumée, & deliurance à eux faite des titres & papiers de ladite Iurifdiction.

M. DC. XXXVIII.

1638. POVR l'élection d'vn Iuge & quatre Confuls des Marchands pour l'année 1638. a efté procedé par les fieurs Denys de S. Genis, Charles Gourlin, Lazare Greland, Henry Berand & Philippes le Roux, en la maniere des années precedentes.

Et ont efté Scrutateurs le Sire *Pierre Cadeau*, Iuge des Marchands, & le Sire *Claude Yon*, ancien Conful, lefquels ont trouué par le Scrutin eftre demeuré pour

IVGE

Noble homme IEAN BAZIN, Confeiller, & ancien Efcheuin de Paris, demeurant ruë des Bourdonnois, pour auoir eu toutes les voix à Iuge.

I. CONSVL

Le Sire FRANÇOIS FRAGVIER, Marchand A-poticaire & Efpicier, demeurant au Cimetiere faint Iean, pour auoir eu 31. voix à Conful.

Et dautant que le Sire François Predefeigle & le Sire Pierre Fournier auroient eu chacun vingt-neuf voix, a efté aduifé par la compagnie, que leurs noms fe-roient mis dans vn chapeau, & que le premier qui en feroit tiré par le fieur Denys de S. Genis Iuge, de-meureroit pour deuxiéme Conful, & l'autre pour troi-fiéme. Ce qui auroit efté fait, & ledit Predefeigle tiré le premier, & partant eft demeuré pour

II. CONSVL

Le Sire FRANÇOIS PREDESEIGLE, Marchand Drapier, demeurant Place Maubert, pour auoir eu 29. voix à Conful.

III. CONSVL

Le Sire PIERRE FOVRNIER, Marchand du corps de la Mercerie, demeurant ruë Beaubourg, pour auoir eu auffi 29. voix à Conful.

IV. CONSVL

Le Sire ESTIENNE CELOT, Marchand Bonne-tier, demeurant ruë faint Denys, pour auoir eu 13. voix à Conful.

Et le Lundy 1. Feurier lefdits fieurs de S. Genis, Gourlin, Greland, Berand & le Roux ont prefenté à la Cour lefdits fieurs Bazin, Fraguier, Predefeigle, Fournier & Celot, qui ont fait le ferment accouftu-mé; puis font allez ouïr la Meffe en la Chapelle de la Iurifdiction Confulaire: & aprés icelle ont efté inftalez au fiege & audience en la maniere accouftumée, & deliurance à eux faite des titres & papiers de ladite Iurifdiction.

M. DC. XXXIX.

1639. Povr l'élection d'vn Iuge & quatre Confuls des Marchands pour l'année 1639. a efté procedé par lefdits fieurs Bazin, Fraguier, Predefeigle, Fournier & Celot, le Samedy 29. Ianuier 1639. en la maniere accouftumée.

Et ont efté Scrutateurs les Sires *Adrian Deuin* & *Claude de Baillou*, anciens Confuls, lefquels ont trouué par le Scrutin eftre demeuré pour

IVGE

Le Sire GVILLAVME BAILLON, Marchand Bonnetier, demeurant ruë faint Iacques de la Boucherie, pour auoir eu toutes les voix à Iuge.

I. CONSVL

Noble homme IEAN DE BOVRGES, Marchand Efpicier, ancien Efcheuin, demeurant ruë faint Denys, pour auoir eu 34. voix à Conful.

II. CONSVL

Le Sire MATHVRIN BROCHAND, Marchand Drapier, demeurant ruë faint Honoré, pour auoir eu 33. voix à Conful.

III. CONSVL

Le Sire CHARLES BRVNET, Marchand Mercier, demeurant fur le Pont Noftre-Dame, pour auoir eu 31. voix à Conful.

IV. CONSVL

Le Sire NICOLAS CHARPENTIER, Marchand

Orfeure, demeurant ruë vieille Draperie, pour auoir eu 20. voix à Conſul.

Et le Lundy trente-vn & dernier iour de Ianuier 1639. leſdits ſieurs Bazin, Fraguier, Predeſeigle, Fournier & Celot ont preſenté à la Cour leſdits ſieurs Guillaume Baillon, Iean de Bourges, Mathurin Brochand, Charles Brunet & Nicolas Charpentier, qui ont fait le ferment accouſtumé ; puis ſont venus ouïr la Meſſe en la Chapelle de la Iuriſdiction Conſulaire: & aprés icelle ont eſté inſtalez au ſiege & audience en la maniere accouſtumée, & deliurance à eux faite des titres & papiers de ladite Iuriſdiction.

M. D C. X L.

Povr l'élection d'vn Iuge & quatre Conſuls des Marchands pour l'année 1640. a eſté procedé par les ſieurs Baillon, de Bourges, Brochand, Brunet & Charpentier, le Mardy 31. Ianuier 1640. en la forme des années precedentes.

Et ont eſté Scrutateurs de ladite élection les ſieurs *Georges Pannet & Pierre Dannet*, leſquels ont trouué par leur Scrutin eſtre demeuré pour

IVGE

Sire ADRIAN DEVIN, Marchand Drapier, demeurant ruë ſaint Honoré, pour auoir eu toutes les voix à Iuge.

I. CONSVL

Sire FRANÇOIS LESCOT, Marchand Drapier, demeurant ruë ſaint Iacques de la Boucherie, pour auor eu 31. voix à Conſul.

II. CONSVL

Noble homme NICOLAS DE BOIS, Marchand du corps de la Mercerie, ancien Escheuin, demeurant ruë saint Denys, pour auoir eu 27. voix à Consul:

III. CONSVL

Sire IEAN CAVELLIER, Marchand Bonnetier, demeurant ruë saint Denys, pour auoir eu 25. voix à Consul.

IV. CONSVL

Sire DENYS HERON, Marchand Apoticaire & Espicier, demeurant ruë du Iour, pour auoir eu 22. voix à Consul.

Et le Mercredy 1. iour de Feurier audit an, lesdits sieurs Baillon, de Bourges, Brochand, Brunet & Charpentier ont presenté au Parlement lesdits sieurs Deuin, Lescot, de Pois, Cauellier & Heron, qui ont fait le serment; puis sont venus ouïr la Messe en la Chapelle de la Iurisdiction : ce fait ont esté instalez au siege, & tenu l'Audience, & deliurance à eux faite des titres & papiers de ladite Iurisdiction.

M. DC. XLI.

1641. POVR l'élection d'vn Iuge & quatre Consuls des Marchands pour l'année 1641. a esté procedé par les sieurs Deuin, Lescot, de Pois, Cauelier & Heron, le Ieudy 31. Ianuier 1641. en la forme des années precedentes.

Et ont esté les Scrutateurs de ladite élection les sieurs *Marin Guyot* & *Iacques Darques*, anciens Consuls, lesquels ont trouué par leur Scrutin estre demeuré pour

IVGE

Noble homme NICOLAS DE LAISTRE, Marchand Bourgeois de Paris , & ancien Efcheuin de ladite ville, demeurant ruë des Lombards , pour auoir eu toutes les voix à Iuge.

I. CONSVL

Sire IACQVES LE IEVNE , Marchand Drapier, demeurant ruë de la Harpe, pour auoir eu toutes les voix à Conful.

II. CONSVL

Sire ANTOINE SANSON, Marchand du corps de la Mercerie , demeurant ruë faint Denys , pour auoir eu 25. voix à Conful.

III. CONSVL

Sire REMOND LESCOT, Marchand Orfeure, demeurant fur le Quay de ll'ſle du Palais, pour auoir eu 20. voix à Conful.

IV. CONSVL

Sire GEOFFROY YON, Marchand Efpicier, demeurant ruë de la Fromagerie, pour auoir eu 19. voix à Conful.

Et le Vendredy 1. Feurier 1641. lefdits Deuin, Lefcot, de Pois, Cauelier & Heron ont prefenté au Parlement lefdits fieurs de Laiftre , le Ieune, Sanfon, Lefcot & Yon , qui ont fait le ferment ; puis font venus ouïr la Meffe en la Chapelle de la Iurifdiction: ce fait ont efté inftalez au fiege & tenu l'Audience, & deliurance à eux faite des titres & papiers de la Iurifdiction.

M. DC. XLII.

1642.

POVR l'élection d'vn Iuge & quatre Consuls des Marchands pour l'année mil six cens quarante-deux, a esté procedé par lesdits sieurs de Laistre, le Ieune, Sanson, Lescot & Yon, le Samedy 1. iour de Feurier 1642. en la forme des années precedentes.

Et ont esté Scrutateurs de ladite élection les Sires *Iean le Iuge* & *Nicolas de Creil* anciens Consuls, lesquels ont trouué par leur Scrutin estre demeuré pour

IVGE

Noble homme IEAN GARNIER, Marchand, Bourgeois & ancien Escheuin de Paris, du corps de la Mercerie, demeurant ruë saint Denys, pour auoir eu toutes les voix à Iuge.

I. CONSVL

Noble homme ESTIENNE GEOFFROY, Marchand Apoticaire & ancien Escheuin, demeurant ruë Bourtibourg, pour auoir eu 30. voix à Consul.

II. CONSVL

Sire ANTOINE BACHELIER, Marchand Drapier, demeurant grande ruë saint Iacques, pour auoir eu 26. voix à Consul.

III. CONSVL

Sire PIERRE DE HERICOVRT, Marchand Mercier, demeurant prés le Palais, pour auoir eu 25. voix à Consul.

IV. CONSVL

Sire NICOLAS LE FOVIN, l'vn des douze Marchands de vin priuilegiez suiuans la Cour, demeurant ruë du Monceau S. Geruais, pour auoir eu 24. voix à Consul.

Et

Et le Lundy troisiéme iour dudit mois de Feurier
1642. lefdits de Laiftre, le Ieune, Sanfon , Lefcot &
Yon ont prefenté au Parlement lefdits fieurs Garnier,
Geoffroy, Bachelier, de Hericourt, & le Fouin, qui
ont fait le ferment; puis ont ouï la Meffe à la Chapelle de la Iurifdiction. Ce fait ont efté inftalez au
fiege, & tenu l'Audience, & deliurance à eux faite des
titres & papiers de ladite Iurifdiction.

M. DC. XLIII.

Povr l'élection d'vn Iuge & quatre Confuls des 1643. Marchands pour l'année 1643. a efté procedé par lefdits fieurs Garnier, Geoffroy, Bachelier, de Hericourt
& le Fouin, le Samedy trente-vniéme de Ianuier 1643.
en la forme des années precedentes.

Et ont efté Scrutateurs de cette élection Sire *Guillaume Perier* ancien Iuge des Marchands, & Sire *Pierre Fournier* ancien Conful, qui ont trouué par leur
Scrutin eftre demeuré pour

IVGE

Noble homme PIERRE EVSTACHE , Quarte-
nier, ancien Efcheuin, du corps de l'Efpicerie, demeurant ruë de la Coffonnerie, pour auoir eu toutes
les voix à Iuge.

I. CONSVL

Sire DENYS PICHON , Marchand Mercier, demeurant ruë des cinq Diamans, pour auoir eu 34. voix
à Conful.

II. CONSVL

Sire IEAN LE MARCHANT , Marchand Bonnetier , demeurant fur le Pont Noftre - Dame , pour

auoir eu trente-trois voix à Conſul.

III. CONSVL

Sire IACQVES BARBIER, Marchand Eſpicier, demeurant ruë ſaint Denys, pour auoir eu 32. voix à Conſul.

IV. CONSVL

Sire HENRY GILLOT, Marchand Drapier, demeurant ruë ſaint Honoré, pour auoir eu 30. voix à Conſul.

Et le Mercredy quatriéme iour de Feurier 1643. leſdits ſieurs Garnier, Geoffroy, Bachelier, de Hericourt & le Fouin ont preſenté à la Cour leſdits ſieurs Euſtache, Pichon, Marchant, Barbier, & Gillot, qui ont fait le ſerment; puis ſont venus ouïr la Meſſe en la Chapelle de la Iuriſdiction. Ce fait ont eſté inſtalez au ſiege & tenu l'Audience, & deliurance à eux faite des titres & papiers de ladite Iuriſdiction.

M. DC. XLIV.

1644.

POVR l'élection d'vn Iuge & quatre Conſuls des Marchands pour l'année mil ſix cens quarante-quatre, a eſté procedé par les ſieurs Euſtache, Pichon, Marchant, Barbier, & Gillot, le Samedy trente-vniéme & penultiéme iour de Ianuier 1644. en la forme des années precedentes.

Et ont eſté Scrutateurs de cette élection les ſieurs *Thierry Blondel* ancien Conſul, & *Michel Iulien*, qui ont trouué par leur Scrutin eſtre demeuré pour

IVGE

Sire CLAVDE FOVCAVLT, cy-deuant Marchand Eſpicier & Apoticaire, Bourgeois de Paris, demeurant ruë de la Calande, pour auoir eu toutes les voix à Iuge.

I. CONSVL

Sire IACQVES THIREMENT, Marchand Apoticaire & Efpicier, Bourgeois de Paris, demeurant ruë faint Antoine, pour auoir eu 34. voix à Conful.

II. CONSVL

Sire CLAVDE NYVERT, Marchand Drapier, Bourgeois de Paris, demeurant ruë faint Honoré, pour auoir eu 31. voix à Conful.

III. CONSVL

Sire IEAN PARENT, Marchand du corps de la Mercerie, Grofferie & Ioyaillerie, & Bourgeois de Paris, demeurant ruë Pelleterie, pour auoir eu 29. voix à Conful.

IV. CONSVL

Noble homme IACQVES DE MOVHERS, cy-deuant Marchand, Bourgeois & ancien Efcheuin de cette Ville, demeurant ruë du Monceau faint Geruais, pour auoir eu 21. voix à Conful.

Et le Lundy premier iour de Feurier audit an 1644. lefdits fieurs Euftache, Pichon, Marchant, Barbier & Gillot ont prefenté à la Cour lefdits fieurs Foucault, Thirement, Nyuert, Parent, & de Mouhers, qui ont fait le ferment ; puis font venus ouïr la Meffe en la Chapelle de la Iurifdiction. Ce fait ont efté inftalez au fiege & tenu l'Audience, & deliurance à eux faite des titres & papiers de ladite Iurifdiction.

M. DC. XLV.

POVR l'élection d'vn Iuge & quatre Confuls des 1645.

Marchands pour l'année mil six cens quarante-cinq,
a esté procedé par les sieurs Foucault, Thirement,
Nyuert, Parent & de Mouhers, le Mardy trente-vniéme & dernier iour de Ianuier audit an 1645. en la forme des années precedentes.

Et ont esté Scrutateurs de cette élection les sieurs
Sebastien Cramoisy, ancien Consul, & *Pierre Picquet*,
Marchand de bois, qui ont trouué par leur Scrutin
estre demeuré pour

IVGE

Sire IEAN LE IVGE, Marchand de vin, demeurant deuant le College de Nauarre, pour auoir eu toutes les voix à Iuge.

I. CONSVL

Sire IEAN LINDO, Marchand Mercier, demeurant ruë saint Iulien le Pauure, pour auoir eu 30. voix
à Consul.

II. CONSVL

Sire IACQVES TICQVET, Marchand Drapier,
demeurant ruë saint Antoine, pour auoir eu 24. voix
à Consul.

III. CONSVL

Sire MICHEL SEMELLE, Bourgeois de Paris, &
cy-deuant Marchand de laine, demeurant ruë de
l'Arbre-sec, pour auoir eu 23. voix à Consul.

IV. CONSVL

Sire CLAVDE HARANGER, Marchand Espi-
cier, demeurant ruë saint Honoré, pour auoir eu 18.
voix à Consul.

Et le lendemain Mercredy premier iour de Feurier
audit an 1645. lesdits sieurs Foucault, Thirement, Ny-

uert, Parent & de Mouhers ont prefenté à la Cour lefdits fieurs le Iuge, Lindo, Ticquet, Semelle & Haranger, qui ont fait le ferment ; puis font venus ouïr la Meffe en la Chapelle de la Iurifdiction. Ce fait ont efté inftalez au fiege & tenu l'Audience, & deliurance à eux faite des titres & papiers de ladite Iurifdiction.

M. DC. XLVI.

POVR l'élection d'vn Iuge & quatre Confuls des Marchands pour l'année 1646. a efté procedé par les fieurs le Iuge, Lindo, Ticquet, Semelle & Haranger, le Ieudy premier iour de Feurier 1646. en la forme des années precedentes.   1646.

Et ont efté Scrutateurs de cette élection les fieurs *Charles Gourlin* & *Pierre Fournier*, anciens Confuls, qui ont trouué par leur Scrutin eftre demeuré pour

IVGE

Sire MATHVRIN MONCHENY, Marchand Apoticaire & Efpicier, demeurant à la pointe S. Euftache, pour auoir eu toutes les voix à Iuge.

Et dautant que les fieurs Charles Marcadé & Louïs Cornillier auoient chacun trente-quatre voix, a efté aduifé par la compagnie, que leurs noms feroient mis chacun en vn billet dans vne toque ; & que le premier qui en feroit tiré par ledit fieur le Iuge, demeureroit pour premier Conful, & l'autre pour fecond. Ce qui auroit efté fait, & ledit fieur Marcadé tiré le premier, & partant demeuré pour premier Conful, & ledit fieur Cornillier pour fecond.

I. CONSVL

Sire CHARLES MARCADE', Marchand Orfe-
ure, demeurant en l'Ifle du Palais, fur le Quay regardant les Auguftins, pour auoir eu 34. voix à Conful.

II. CONSVL

Sire LOVIS CORNILLIER, Marchand Drapier,
demeurant ruë Barillerie, entre les deux portes du
Palais, pour auoir eu 34. voix à Conful.

III. CONSVL

Sire LOVIS GOVION, Marchand de draps de
foye, du corps de la Mercerie, demeurant à Petit
Pont, pour auoir eu 32. voix à Conful.

IV. CONSVL

Noble homme MARTIN DV FRESNOY, Mar-
chand Apoticaire & ancien Efcheuin de cette ville de
Paris, demeurant ruë faint Honoré, pour auoir eu
30. voix à Conful.

Et le Lundy cinquiéme Feurier audit an 1646. lefdits fieurs le Iuge, Lindo, Ticquet, Semelle & Haranger ont prefenté à la Cour lefdits fieurs de Moncheny, Marcadé, Cornillier, Gouion & du Frefnoy,
qui ont fait le ferment; puis font venus ouïr la Meffe
en la Chapelle de la Iurifdiction. Ce fait ont efté inftalez au fiege & tenu l'Audience, & deliurance à eux
faite des titres & papiers de ladite Iurifdiction.

M. DC. XLVII.

1647.   POVR l'élection d'vn Iuge & quatre Confuls des
Marchands pour l'année 1647. a efté procedé par lefdits fieurs de Moncheny, Marcadé, Cornillier, Goujon & du Frefnoy, le Ieudy trente-vniéme & dernier

iour de Ianuier 1647. en la forme des années precedentes.

Et ont esté Scrutateurs de cette élection les sieurs
Estienne Geoffroy & *Iean de Bourges* anciens Consuls &
Escheuins, lesquels ont trouué par leur Scrutin estre
demeuré pour

I V G E

Sire PIERRE BARBIER, Marchand Espicier,
demeurant ruë saint Denys proche la Porte de Paris,
pour auoir eu toutes les voix à Iuge.

I. CONSVL

Sire ROBERT POCQVELIN, Marchand du corps
de la Mercerie, demeurant en la ruë saint Denys proche les Saints Innocens, pour auoir eu 34. voix à
Consul.

II. CONSVL

Sire FRANÇOIS BOVTILLIER, Marchand Drapier, demeurant ruë saint Honoré, pour auoir eu 32.
voix à Consul.

III. CONSVL

Sire IEAN GORGES, Marchand Pelletier, demeurant ruë Quinquempoix, pour auoir eu 25. voix
à Consul.

IV. CONSVL

Sire GASPAR TRANCHEPAIN, Marchand Espicier, demeurant ruë saint Martin, pour auoir eu 19.
voix à Consul.

Et le lendemain Vendredy premier iour de Feurier audit an 1647. lesdits sieurs de Moncheny, Marcadé, Cornillier, Goujon & du Fresnoy ont presenté à la Cour lesdits sieurs Barbier, Pocquelin, Bou-

tilier, Gorges & Tranchepain, qui ont fait le ferment;
puis font venus entendre la Meſſe en la Chapelle de
la Iuriſdiction. Ce fait ont eſté inſtalez au ſiege &
tenu l'Audience, & deliurance à eux faite des titres
& papiers de ladite Iuriſdiction.

M. DC. XLVIII.

1648.   POVR l'élection d'vn Iuge & quatre Conſuls des
Marchands pour l'année 1648. a eſté procedé par leſdits ſieurs Barbier, Pocquelin, Boutilier, Gorges &
Tranchepain, le Samedy premier iour de Feurier 1648.
en la forme des années precedentes.

Et ont eſté Scrutateurs de cette élection les ſieurs
Charles Fourcroy & *Antoine le Mercier*, qui ont trouué
par leur Scrutin eſtre demeuré pour

IVGE

Noble homme CLAVDE LE BOVE', Bourgeois
& ancien Eſcheuin de cette ville de Paris, du corps
de la Marchandiſe de Draperie, demeurant ruë Geoffroy l'Aſnier, pour auoir eu toutes les voix à Iuge.

I. CONSVL

Sire OLIVIER PICQVES, Marchand du corps
de la Mercerie, demeurant ruë neuue ſaint Mederic,
pour auoir eu 35. voix à Conſul.

II. CONSVL

Sire IEAN DE LA BALLE, Marchand Drapier,
demeurant ruë ſaint Honoré, Place aux Chats, pour
auoir eu 34. voix à Conſul.

III. CONSVL

Sire IEAN CHESNEAV, Marchand Apoti-
caire & Eſpicier, demeurant ruë de la Verrerie paroiſſe

roiſſe ſaint Mederic, pour auoir eu 32. voix à Conſul.

IV. CONSVL

Sire PIERRE DE HEMANT, Marchand Orfeure, demeurant ſur le Pont au Change, pour auoir
eu 22. voix à Conſul.

Et le Lundy troiſiéme iour dudit mois de Feurier
1648. leſdits ſieurs Barbier, Pocquelin, Boutillier, Gorges
& Tranchepain ont preſenté à la Cour leſdits ſieurs
le Boüé, Picques, de la Balle, Cheſneau & de Hemant,
qui ont fait le ferment; puis ſont venus ouïr la Meſſe
à la Chapelle de la Iuriſdiction. Ce fait ont eſté inſtalez au ſiege & tenu l'Audience, & deliurance à eux
faite des titres & papiers de ladite Iuriſdiction.

M. DC. XLIX.

POVR l'élection d'vn Iuge & quatre Conſuls des 1649.
Marchands pour l'année 1649. a eſté procedé par les
ſieurs le Boüé, Picques, de la Balle, Cheſneau & de
Hemant, le Samedy trente & penultiéme iour de
Ianuier audit an, en la forme des années precedentes.

Et ont eſté Scrutateurs de ladite élection les ſieurs
Geoffroy Yon & *Pierre le Roux*, qui ont trouué par leur
Scrutin eſtre demeuré pour

IVGE

Noble homme RENÉ DE LA HAYE, Bourgeois
& ancien Eſcheuin de cette Ville, du corps de la
Marchandiſe d'orfeurerie, demeurant ſur le Quay regardant les Auguſtins, pour auoir eu toutes les voix
à Iuge.

I. CONSVL

Sire ESTIENNE HERVE', du corps de la Mer-

cerie, demeurant fur le Pont Noſtre-Dame, pour a-
uoir eu 35. voix à Conſul.

Et dautant que les ſieurs François Orry, Iean Rouſſeau, & Iacques le Noir auroient eu chacun 34. voix,
auroit eſté auiſé par la compagnie, que le nom d'vn
chacun d'eux ſeroit écrit en trois billets de papier, &
mis dans vne toque, & le premier qui en ſeroit tiré
par ledit ſieur le Boüé, demeureroit ſecond Conſul, &
les autres de meſme pour troiſiéme & quatriéme; &
auroit eſté ledit ſieur Rouſſeau tiré le premier, & partant demeuré pour

II. CONSVL

Sire IEAN ROVSSEAV, Marchand du corps de
la Bonneterie, demeurant au Petit Pont, pour auoir
eu 34. voix à Conſul.

III. CONSVL

Sire FRANÇOIS ORRY, Marchand du corps de
la Draperie, demeurant Place Maubert, pour auoir
eu 34. voix à Conſul.

IV. CONSVL

Sire IACQVES LE NOIR, Marchand du corps de
l'Eſpicerie, demeurant ruë ſaint Denys, pour auoir
eu 34. voix à Conſul.

Et le Lundy premier Feurier audit an, leſdits ſieurs
le Boüé, Picques, de la Balle, Cheſneau, & de Hemant ont preſenté à la Cour leſdits ſieurs de la Haye,
Herué, Rouſſeau, Orry & le Noir, qui ont fait le
ſerment; puis ſont venus ouïr la Meſſe en la Chapelle de la Iuriſdiction. Ce fait ont eſté inſtalez au ſiege, & tenu l'Audience, & deliurance à eux faite des
titres & papiers de ladite Iuriſdiction.

M. D C. L.

POVR l'élection d'vn Iuge & quatre Consuls des Marchands pour l'année 1650. a esté procedé par les sieurs de la Haye, Herué, Rousseau, Orry & le Noir, le Samedy 29. iour de Ianuier 1650. en la forme des années precedentes. 1650.

Et ont esté Scrutateurs de cette élection les Sires *Geoffroy Yon*, ancien Consul & Escheuin, & *Pierre Scellier*, Marchand Orfeure, qui ont trouué par leur Scrutin estre demeuré pour

IVGE

Sire LAVRENT HERSANT, Marchand du corps de la Marchandise de Draperie, demeurant à Petit Pont ioignant le Petit Chastelet, pour auoir eu toutes les voix à Iuge.

I. CONSVL

Sire SYLVAIN ROGER, Marchand Apoticaire & Espicier, demeurant ruë saint Denys, pour auoir eu 34. voix à Consul.

II. CONSVL

Sïre PIERRE GILLET, Marchand du corps de la Draperie, demeurant ruë proche le Palais, pour auoir eu 30. voix à Consul.

III. CONSVL

Sire DIDIER AVBERT, du corps de la Marchandise de Mercerie, demeurant ruë proche l'Eglise S. Barthelemy, pour auoir eu 28. voix à Consul.

IV. CONSVL

Sire ROBERT BALLARD, Marchand Libraire & Imprimeur, demeurant ruë S. Jean de Beauuais, pour auoir eu 21. voix à Consul.

t iij

Et le Lundy trente-vniéme & dernier iour dudit mois de Ianuier lefdits fieurs de la Haye, Herué, Rouffeau, Orry & le Noir ont prefenté à la Cour lefdits fieurs Herfant, Roger, Gillet, Aubert & Ballard, qui ont fait le ferment; puis font venus ouïr la Meffe en la Chapelle de la Iurifdiction. Ce fait ont efté inftalez au fiege & tenu l'Audience, & deliurance à eux faite des titres & papiers de ladite Iurifdiction.

Le decés eftant aduenu dudit fieur Pierre Gillet, lefdits fieurs Herfant, Roger, Aubert & Ballard auroient le Mardy 23. Aouft 1650. à l'iffuë du feruice qui auroit efté dit & celebré ledit iour en l'Eglife S. Mederic pour le repos de l'ame dudit fieur Gillet, fait affemblée des anciens Iuges & Confuls, & des Maiftres & Gardes des fix Corps des Marchands, pour proceder à l'élection d'vn quatriéme Conful, à la place dudit fieur Gillet.

Et auroient efté Scrutateurs de cette élection les fieurs *Louis Cornillier* ancien Conful, & *Iacques Tartarin*, Maiftre Apoticaire, qui auroient trouué par le Scrutin eftre demeuré pour

IV. CONSVL

Sire CLAVDE PATIN, Marchand du corps de la Draperie, demeurant au bout du Pont faint Michel vers le Palais, pour auoir eu toutes les voix à Conful.

Et le Vendredy 26. Aouft audit an, lefdits fieurs Herfant, Roger, Aubert & Ballard, affiftez de Monfieur le Procureur General, auroient prefenté à la Cour ledit fieur Patin, qui a fait le ferment, & ledit iour a efté inftalé au fiege par lefdits fieurs en la maniere accouftumée.

M. D C. LI.

POVR l'élection d'vn Iuge & quatre Confuls des 1651. Marchands pour l'année 1651. a efté procedé par les fieurs Herfant, Roger, Aubert, Ballard & Patin, le Mardy 31. & dernier iour de Ianuier 1651. en la forme des années precedentes.

Et ont efté Scrutateurs de cette élection les fieurs *François Lefcot* & *René de la Haye*, ledit fieur Lefcot ancien Conful, & ledit fieur de la Haye ancien Iuge: qui ont trouué par leur Scrutin eftre demeuré pour

IVGE

Sire IEAN BACHELIER, Marchand du corps de la Mercerie, demeurant ruë faint Denys, au coin de la ruë de la Coffonnerie, pour auoir eu toutes les voix à Iuge.

I. CONSVL

Sire PIERRE DENISON, Marchand Efpicier, demeurant ruë de la Verrerie proche faint Mederic, pour auoir eu 35. voix à Conful.

II. CONSVL

Sire NICOLAS LESCOT, Marchand Drapier, demeurant au bout du Pont Noftre-Dame proche S. Denys de la Chartre, pour auoir eu 35. voix à Conful.

III. CONSVL

Sire PHILIPPES MAILLET, cy-deuant Marchand de draps de foye, du corps de la Mercerie, demeurant ruë des Prouuaires, paroiffe faint Euftache, pour auoir eu 34. voix à Conful.

IV. CONSVL

Sire CLAVDE MARCADE, Marchand Orfeure,

demeurant ruë faint Honoré, pour auoir eu 25. voix
à Conful.

Et dautant que les fieurs Pierre Denifon & Nicolas Lefcot fe font trouuez auoir eu chacun trente-
cinq voix, auroit efté aduifé par la compagnie, que
le nom de chacun d'eux feroit écrit en deux billets
de papier, & mis dans vne toque; & que le premier
qui en feroit tiré par le fieur Herfant, demeureroit
pour premier Conful. Ce qui auroit efté fait, & le
fieur Denifon tiré le premier.

Et le Mercredy premier iour de Feurier audit an,
lefdits fieurs Herfant, Roger, Aubert, Ballard &
Patin ont prefenté à la Cour lefdits fieurs Bachelier, Denifon, Lefcot, Maillet & Marcadé, qui
ont fait le ferment ; puis font venus entendre la
Meffe en la Chapelle de la Iurifdiction. Ce fait
ont efté inftalez au fiege, & tenu l'Audience, &
deliurance à eux faite des titres & papiers de ladite Iurifdiction.

Le decés eftant aduenu dudit fieur Nicolas Lefcot, lefdits fieurs Bachelier, Denifon, Maillet &
Marcadé auroient le Samedy dixiéme iour de Iuin
mil fix cens cinquante-vn, à l'iffuë du feruice qui auroit efté dit & celebré ledit iour en l'Eglife faint
Mederic pour le repos de l'ame dudit fieur Lefcot,
fait affemblée des anciens Iuges & Confuls, & des
Maiftres & Gardes des fix Corps des Marchands,
pour proceder à l'élection d'vn quatriéme Conful,
au lieu dudit fieur Lefcot.

Et auroient efté Scrutateurs de cette élection les
fieurs *Iean le Meffier* ancien Conful, & *Guillaume Fremin*

Marchand Bonnetier, qui auroient trouué par leur
Scrutin le Sieur Simon Yon auoir eu 33. voix, & par‑
tant demeuré pour

IV. CONSVL

Sire SIMON YON, Marchand Drapier, demeurant
ruë saint Honoré, pour auoir eu 33.voix à Consul.

Cedit iour lesdits sieurs Bachelier, Denison, Mail‑
let & Marcadé auec leurs Greffier & Huissiers furent
aduertir ledit sieur Yon de ladite élection, & en sui‑
te Messieurs les Gens du Roy, qui leur donnerent
iour au Lundy suiuant de se trouuer au Palais, pour
faire le serment par ledit sieur Yon.

Et ledit iour Lundy 12. dudit mois de Iuin, lesdits
sieurs furent au Palais auec ledit sieur Yon; mais pour‑
ce que Messieurs les Gens du Roy y seroient venus
trop tard, lesdits sieurs Iuge & Consuls furent remis
au lendemain.

Auquel iour & lendemain Mardy treiziéme dudit
mois lesdits sieurs estant retournez auec ledit sieur
Yon, Monsieur le Premier President les auroit ap‑
pellez & pris le serment dudit sieur Yon en la manie‑
re accoustumée, auparauant que Messieurs les Gens du
Roy y fussent arriuez : cefait lesdits sieurs seroient re‑
uenus ensemblement en l'Hostel de la Iurisdiction,
où ils auroient vuidé quelques affaires.

Et le lendemain Mercredy quatorziéme dudit mois
à l'issuë de la Messe dite en la Chapelle de la Iurisdi‑
ction, ledit sieur Yon auroit esté instalé au siege par
les sieurs Bachelier, Denison, Maillet & Marcadé en
la maniere accoustumée.

M. DC. LII.

1652.　 P o v r l'élection d'vn Iuge & quatre Consuls des Marchands pour l'année 1652. a esté procedé par les sieurs Bachelier, Denison, Maillet, Marcadé, & Yon, le Mardy trentiéme & penultiéme Ianuier 1652. en la forme des années precedentes.

Et ont esté Scrutateurs de cette élection les sieurs *Iean le Messier*, ancien Consul, & *Philippes Debonnaire*, Marchand, qui ont trouué par leur Scrutin estre demeuré pour

I V G E

Noble homme S E B A S T I E N C R A M O I S Y, Marchand Libraire, & Imprimeur ordinaire du Roy, Directeur de l'Imprimerie Royale en son Chasteau du Louure, & ancien Escheuin & Bourgeois de cette ville de Paris, demeurant ruë saint Iacques, pour auoir eu toutes les voix à Iuge.

Et dautant que les sieurs Simon de Secqueuille & Claude Simmonet auoient chacun trente-cinq voix, a esté aduisé par la compagnie, que leurs noms seroient mis chacun en vn billet dans vne toque, & que le premier qui en seroit tiré par ledit sieur Bachelier, demeureroit pour premier Consul, & l'autre pour second. Ce qui auroit esté fait, & ledit sieur de Secqueuille tiré le premier, & partant demeuré pour

I. C O N S V L

Noble homme S I M O N D E S E C Q V E V I L L E, Marchand Apoticaire & Espicier, Bourgeois & ancien Escheuin de cette ville de Paris, demeurant ruë saint Martin deuant la ruë aux Ours, pour auoir eu 33. voix à Consul.

II. CON-

II. CONSVL

Sire CLAVDE SIMMONET, Marchand Bourgeois de Paris, du corps de la Mercerie, demeurant ruë des Lombards, pour auoir eu 35. voix à Consul.

III. CONSVL

Sire ROLLIN AVVRY, Marchand de laine, Bourgeois de Paris, demeurant sur le Quay de la Megisserie, pour auoir eu 34. voix à Consul.

IV. CONSVL

Sire SIMON LANGLOIS, Marchand Drapier Bourgeois, demeurant sur la Tonnellerie, pour auoir eu 33. voix à Consul.

Et le Mercredy trente-vniéme & dernier iour de Ianuier 1652. lesdits sieurs Bachelier, Denison, Maillet, Marcadé & Yon ont presenté au Parlement lesdits sieurs Cramoisy, de Secqueuille, Simmonet, Auury & Langlois, qui ont fait le serment; puis sont venus ouïr la Messe en la Chapelle de la Iurisdiction. Ce fait ont esté instalez au siege, & tenu l'Audience, & deliurance à eux faite des titres & papiers de ladite Iurisdiction.

M. DC. LIII.

POVR l'élection d'vn Iuge & quatre Consuls des Marchands pour l'année 1653. y a esté procedé par lesdits sieurs Cramoisy, de Secqueuille, Symonet, Auury & Langlois, le Ieudy trente & penultiéme Ianuier 1653. en la forme des années precedentes. 1653.

Et ont esté Scrutateurs de cette élection *Gabriel de Hardiuilliers*, & *Michel Iutie* Marchands, qui ont trouué par le Scrutin estre demeuré pour

IVGE

Sire LAZARE GRELAND, Marchand Eſpicier
Bourgeois de Paris, & l'vn des Maiſtres & Admini-
ſtrateurs des Pauures Enfermez, demeurant ruë de la
Harpe, pour auoir eu toutes les voix.

Et dautant que les ſieurs Louïs Charlemagne, Vincent Heron, & Guillaume Perichon auoient chacun
trente-cinq voix, a eſté aduiſé par la Compagnie, que
leurs noms ſeroient mis chacun en vn billet dans vne
toque, & que le premier qui en ſeroit tiré par ledit
ſieur Cramoiſy, demeureroit pour le premier Conſul;
le ſecond qui ſeroit tiré par ledit ſieur de Secqueuille, demeureroit pour ſecond Conſul ; & le dernier
pour troiſiéme. Ce qui auroit eſté fait, & partant ſeroit demeuré pour

I. CONSVL

Sire VINCENT HERON, Marchand Eſpicier,
Bourgeois, & l'vn des Conſeillers de cette ville de Paris, demeurant au Cloiſtre ſaint Iacques de la Boucherie, pour auoir eu 35. voix.

II. CONSVL

Sire GVILLAVME PERICHON, Marchand du
corps de la Mercerie, ancien Receueur general des Pauures de la ville & fauxbourgs de Paris, & l'vn des Ad-
miniſtrateurs de l'Hoſtel-Dieu de cette ville, & de la
Trinité, demeurant au Marché aux Poirées, pour a-
uoir eu 35. voix.

III. CONSVL

Sire LOVIS CHARLEMAIGNE, Marchand Dra-
pier Bourgeois de Paris, demeurant ruë de Petit Pont,
pour auoir eu 35. voix.

IV. CONSVL

Sire CLAVDE LABBE', Marchand Bourgeois de Paris, du corps de la marchandise de Bonneterie, demeurant ruë des Déchargeurs, pour auoir eu 21. voix.

Et le Vendredy trente-vniéme & dernier iour de Ianuier 1653. lesdits sieurs Cramoisy, de Secqueuille, Symonet, Auury & Langlois ont presenté à la Cour lesdits sieurs Greland, Heron, Perichon, Charlemaigne & Labbé, qui y ont fait le serment : puis sont venus entendre la Messe en la Chapelle de la Iurisdiction. Ce fait, & icelle dite, ont esté instalez au siege, & tenu l'Audience en la maniere accoustumée.

A l'issuë de laquelle Audience, lesdits sieurs Anciens ont mis entre les mains desdits sieurs nouueaux éleus les titres & pieces concernans la Iurisdiction & Greffe d'icelle, estans dans le coffre fort, duquel leur ont esté baillées les clefs, & autres clefs qu'ils auoient, & lesdits titres & papiers, suiuant l'Inuentaire qui en a esté cy-deuant fait.

Le decés estant aduenu dudit Sire Lazare Greland, lesdits sieurs Heron, Perichon, Charlemaigne & Labbé auroient le dix-huitiéme Septembre 1653. fait assemblée des anciens Iuges & Consuls, & mis en deliberation, si l'on éliroit vn autre Iuge au lieu dudit defunt sieur Greland. Par laquelle assemblée fut aduisé, que l'on procederoit à l'élection d'vn autre Iuge, à la place dudit sieur Greland, pour le reste de la presente année.

Suiuant laquelle resolution le Samedy 20. iour dudit mois de Septembre de releuée, fut fait assemblée des anciens Iuges & Confuls, & des Maiſtres & Gardes des ſix Corps des Marchands, pour proceder à l'élection d'vn Iuge des Marchands, au lieu dudit ſieur Greland.

Et auroient eſté Scrutateurs de cette élection Sires *Iean Gorges*, & *Iean le Meßier*, anciens Confuls, qui auroient trouué par leur Scrutin le ſieur Philippes le Roux auoir eu toutes les voix pour

IVGE

Le ſieur PHILIPPES LE ROVX, Marchand Pelletier, demeurant ruë vieille Cordonnerie, pour auoir eu toutes les voix.

Et le vingt-deux dudit mois, leſdits ſieurs Heron, Perichon, Charlemaigne & Labbé, conduits par Monſieur Bechefer Subſtitut de Monſieur le Procureur General, auroient preſenté à la Cour en la Chambre des Vacations, Monſieur de Nouion Preſident tenant le Siege, le ſieur le Roux, qui y a fait le ferment, à la charge de le reïterer à la ſaint Martin, comme appert par l'Arreſt. Puis ledit iour a eſté inſtalé au ſiege par leſdits ſieurs en la maniere accouſtumée; & à luy baillé les clefs qu'auoit cy-deuant ledit ſieur Greland.

Et le vingt-huitiéme Nouembre audit an, ledit ſieur le Roux accompagné deſdits ſieurs Heron, Perichon, Charlemaigne & Labbé, conduits par Monſieur le Procureur General, a reïteré le ferment à la Cour.

M. DC. LIV.

1654. POVR l'élection d'vn Iuge & quatre Confuls des

Marchands pour l'année 1654. y a esté procedé par lefdits sieurs le Roux, Heron , Perichon , Charlemagne
& Labbé , le Ieudy 29. Ianuier 1654. en la forme des
années precedentes.

Et ont esté Scrutateurs de cette élection les sieurs
Henry Berraud, & *Charles Mercadé* anciens Confuls,
qui ont trouué par leur Scrutin estre demeuré pour

IVGE

Sire FRANÇOIS LESCOT , Marchand du corps
de la Draperie, demeurant ruë des Lombards , pour
auoir eu toutes les voix.

Et dautant que les sieurs Pierre Defplasses , & Nicolas Foucault auoient chacun trente-trois voix , a
esté aduisé par la Compagnie, que leurs noms feroient
mis chacun en vn billet dans vne toque, & que le premier qui en feroit tiré par ledit sieur le Roux, demeureroit pour premier Consul ; & l'autre pour fecond. Ce qui auroit esté fait. Et ledit sieur Foucault
tiré le premier. Partant demeuré pour

I. CONSVL

Sire NICOLAS FOVCAVLT, Marchand Apoticaire & Efpicier, Bourgeois de Paris, demeurant Place Maubert au coin de la ruë de Bievre , pour auoir
eu 33. voix.

II. CONSVL

Sire PIERRE DESPLASSES, Marchand Drapier Bourgeois de Paris, demeurant ruë faint Honoré , pour auoir eu 33. voix.

III. CONSVL

Sire MATTHIEV TROTIER , Marchand du
corps de la Mercerie, Bourgeois de Paris , demeurant

ruë S. Martin proche & paroiſſe S. Mederic, pour
auoir eu 32. voix.

IV. CONSVL

Sire ALEXANDRE DE LA VAIRIE, Marchand
Pelletier, Bourgeois de Paris, demeurant ruë vieille
Bouclerie, pour auoir eu 28. voix.

Et le Vendredy trente & penultiéme iour de Ianuier
mil ſix cens cinquante-quatre, leſdits ſieurs le Roux,
Heron, Perrichon, Charlemagne & Labbé ont preſenté à la Cour leſdits ſieurs Leſcot, Foucault, Deſplaſſes, Trottier, de la Vairie, qui ont fait le ſerment:
puis ſont venus entendre la Meſſe en la Chapelle de
la Iuriſdiction. Ce fait, & icelle dite, ont eſté
inſtalez au ſiege, & tenu l'Audience en la maniere
accouſtumée.

A l'iſſuë de laquelle Audience leſdits ſieurs anciens Conſuls ont mis entre les mains deſdits ſieurs
nouueaux éleus les titres & pieces concernans la Iuriſdiction & Greffe d'icelle, eſtans dans le coffre fort,
duquel leur ont eſté baillées les clefs, & autres clefs
qu'ils auoient, & leſdits titres & papiers, ſuiuant l'inuentaire qui en a eſté cy-deuant fait.

M. DC. LV.

1655. POVR l'élection d'vn Iuge & quatre Conſuls des
Marchands pour l'année 1655. y a eſté procedé par leſdits ſieurs Leſcot, Foucault, Deſplaſſes, Trottier, &
de la Vairie, le Samedy trentiéme iour de Ianuier 1655.
en la forme des années precedentes.

Et ont eſté Scrutateurs de cette élection les ſieurs
Michel Semelle ancien Conſul, & *Antoine Fauueau*

Marchand Efpicier, & l'vn des Gardes, qui ont trouué par leur Scrutin eftredemeuré pour

I V G E

Sire ANTOINE SANSSON, Marchand du corps
de la Marchandife de Mercerie, Groflerie, & Ioyaillerie, Bourgeois de Paris, demeurant ruë Quinquempoix, pour auoir eu toutes les voix.

I. CONSVL

Noble homme ANDRE LE VIEVLX, Mar-
chand Drapier, Bourgeois de Paris, Confeiller & ancien Efcheuin, & l'vn des Adminiftrateurs de l'Hô-
tel-Dieu de cettedite Ville, demeurant au cul de fac
de la ruë des Bourdonnois, pour auoir eu 34. voix

Et dautant que les fieurs Iean Cottart & Paul le
Febure fe feroient trouuez auoir chacun trente-trois
voix, auroit efté aduifé par la Compagnie qu'il feroit
fait deux billets, où feroient écrits leurs noms & furnoms, qui feroient mis dans vne toque, & que le premier qui feroit tiré par le Iuge, demeureroit pour fecond Conful. Ce qui auroit efté fait, & auroit efté
ledit fieur Cottart tiré le premier, partant demeuré pour

II. CONSVL

Sire IEAN COTTART, Marchand Efpicier Bourgeois de Paris, demeurant ruë des Lombards, pour
auoir eu 30. voix.

III. CONSVL

Sire PAVL LE FEBVRE, Marchand Orfeure
Bourgeois de Paris, demeurant en l'Ifle du Palais,
fur le Quay regardant les Auguftins, pour auoir eu 33.
voix

IV. CONSVL

Sire LOVIS LANGLOIS, Marchand du corps de la marchandife de Mercerie, Grofferie, & Ioyaillerie, Bourgeois de Paris, demeurant ruë au Ferre, pour auoir eu 18. voix.

Et le Lundy premier iour de Feurier 1655. lefdits fieurs Lefcot, Foucault, Defplaffes, Trottier, & de la Vairie ont prefenté à la Cour lefdits fieurs Sanffon, le Vieulx, Cottart, le Febure & Langlois, qui ont fait le ferment, puis font venus entendre la Meffe en la Chapelle de la Iurifdiction. Ce fait, ont efté inftalez au fiege, & tenu l'Audience en la maniere accoûtumée.

A l'iffuë de laquelle Audience lefdits fieurs anciens ont mis entre les mains defdits fieurs nouueaux éleus les titres & pieces concernans la Iurifdiction & Greffes d'icelle, eftans dans le coffre fort, duquel leur ont efté baillées les clefs qu'ils auoient & lefdits titres & papiers, fuiuant l'Inuentaire qui en a efté cy-deuant fait.

M. DC. LVI.

1656. POVR l'élection d'vn Iuge & quatre Confuls des Marchands pour l'année 1656. a efté procedé par les fieurs Sanffon, le Vieux, Cottart, le Febure, & Langlois, le Samedy 29. Ianuier 1656. en la forme des années precedentes.

Et ont efté Scrutateurs de cette élection les fieurs *René de la Haye* ancien Iuge, & *Henry Berrand* ancien Conful, qui ont trouué par leur Scrutin eftre demeuré pour

IVGE

IVGE

Noble homme RAIMOND LESCOT, Bourgeois, Conſeiller, & ancien Eſcheuin de cette ville de Paris, demeurant en l'Iſle du Palais, ſur le Quay qui regarde les Auguſtins, pour auoir eu toutes les voix.

I. CONSVL

Sire IEAN BAPTISTE FORNE, Marchand Bourgeois de Paris, du corps de la Marchandiſe de Mercerie, demeurant ruë neuue ſaint Mederic, pour auoir eu toutes les voix.

II. CONSVL

Sire CLAVDE PREVOST, Marchand Bourgeois de Paris, du corps de la Marchandiſe de Draperie, demeurant ruë ſaint Honoré, pour auoir eu 34. voix.

Et dautant que les ſieurs Antoine de Cay & Nicolas de Villiers auoient chacun trente-trois voix, a eſté aduiſé par la Compagnie, que leurs noms ſeroient mis chacun en vn billet dans vne toque, & que le premier qui en ſeroit tiré par ledit ſieur Sanſſon, demeureroit pour troiſiéme Conſul, & l'autre pour dernier; ce qui auroit eſté fait, & ledit ſieur de Cay tiré le premier, partant demeuré pour

III. CONSVL

Sire ANTOINE DE CAY, Marchand Apoticaire & Eſpicier, Bourgeois de Paris, demeurant grande ruë S. Iacques, pour auoir eu 33. voix.

IV. CONSVL

Sire NICOLAS DE VILLIERS, Marchand Bourgeois de Paris, du corps de la Marchandiſe de Mercerie, demeurant ruë S. Denys au coin de la ruë au Foire, pour auoir eu 33. voix.

<table>
<tr><td>II. Part.</td><td>x</td></tr>
</table>

Et le Lundy 31. & dernier iour de Ianuier 1656. lefdits fieurs Sanffon, le Vieux, Cottart, le Febure, & Langlois ont prefenté à la Cour lefdits fieurs Lefcot, Forne, Preuoft, de Cay, & de Villers, qui ont fait le ferment, puis font venus entendre la Meffe en la Chapelle de la Iurifdiction. Ce fait, ont efté inftalez au fiege, & tenu l'Audience. A l'iffuë de laquelle leur a efté fait deliurance des clefs, titres & papiers concernans la Iurifdiction, fuiuant l'Inuentaire de ce fait.

Suite de l'année M. DC. LVI.

CE iourd'huy Mardy 26. iour du mois de Septemb. 1656. à l'iffuë de la Meffe du S. Efprit dite & celebrée en la Chapelle de cette Iurifdiction Confulaire, a efté par les fieurs Iean Baptifte Forne, Claude Preuoft, Antoine de Cay, & Nicolas de Villers Confuls en charge la prefente année, affiftez des fieurs anciens Iuges & Confuls, & des Maiftres & Gardes des fix Corps, pour ce mandez, procedé à l'élection d'vn Iuge des Marchands, au lieu & place de Sire Raimond Lefcot nagueres decedé, & ce pour le refte de la prefente année.

Et ont efté Scrutateurs de cette élection les Sires *Iacques le Noir*, ancien Conful, & *Pierre Lefcot* Marchand Bonnetier, & l'vn des Gardes de la Marchandife de Bonneterie, qui ont trouué par leur Scrutin auoir eu toutes les voix, & eftre demeuré pour

IVGE

Noble homme ESTIENNE GEOFFROY Bourgeois & ancien Efcheuin de cette ville de Paris, du corps de la marchandife d'Apoticairie & Efpicerie, demeurant ruë Bourtibourg, proche le Cimetiere S. Iean.

Et le Mercredy 27. dudit mois, lefdits fieurs Forne,

Preuoſt , de Cay & de Villers, conduits par Monſieur Choppin Subſtitut de M. le Procureur General, auroient preſenté à la Cour en la Chambre des Vacations, M. de Longueil Seigneur de Maiſons, Preſident tenant le ſiege, ledit ſieur Geoffroy, qui y auroit fait le ſerment, & eſté receu pour Iuge, au lieu & place dudit ſieur Leſcot, pour le reſte de la preſente année. Ce fait, leſdits ſieurs eſtant reuenus de compagnie, aprés auoir ouï la Meſſe en la Chapelle de ladite Iuriſdiction, auroient inſtalé au ſiege ledit ſieur Geoffroy en la maniere accouſtumée, & à luy deliuré les clefs qu'auoit auparauant ledit ſieur Leſcot.

M. DC. LVII.

Povr l'élection d'vn Iuge & quatre Conſuls des Marchands pour l'année 1657. a eſté procedé par les ſieurs Geoffroy, Forne, Preuoſt, de Cay & de Villers, le Mardy trentiéme & penultiéme Ianuier 1657. en la forme des années precedentes.

Et ont eſté Scrutateurs de cette élection les ſieurs *Claude le Boüé* ancien Iuge, & *Claude Niuerr* ancien Conſul, qui ont trouué par leur Scrutin eſtre demeuré, & auoir eu toutes les voix pour

IVGE

Sire ANTOINE BACHELIER, Marchand, Bourgeois de Paris, du corps de la marchandiſe de Draperie, demeurant ruë S. Iacques.

Et dautant que les ſieurs Claude Villain, & Iean Tronchot auoient chacun 35. voix, a eſté auiſé par la Compagnie, que leurs noms ſeroient mis chacun en vn billet dans vne toque, & que le premier qui en ſeroit tiré par ledit ſieur Geoffroy, demeureroit pour premier Conful, & l'autre pour fecond: ce qui auroit efté fait, & ledit fieur Villain tiré le premier, & partant demeuré pour

I. CONSVL

Sire CLAVDE VILLAIN, Marchand Efpicier, Bourgeois de Paris, demeurant ruë des Lombards.

II. CONSVL

Sire IEAN TRONCHOT, Marchand Bourgeois de Paris, & l'vn des Confeillers de ladite Ville, du corps de la marchandife de Draperie, demeurant ruë des cinq Diamans.

III. CONSVL

Sire NICOLAS DE FAVEROLLES, Marchand Bourgeois de Paris, & l'vn des Adminiftrateurs de l'Hofpital de la Trinité, demeurant ruë des Prouuelles.

IV. CONSVL

Sire IACQVES LAVGEOIS, Marchand Bourgeois de Paris, du corps de la marchandife de Mercerie, demeurant ruë du Iour, proche faint Euftache.

Et le Mercredy trente-vniéme iour de Ianuier mil fix cens cinquante-fept, lefdits fieurs Geoffroy, Forné, Preuoft, de Cay, & de Villiers ont prefenté à la Cour lefdits fieurs Bachelier, Villain, Tronchot, de Faucrolles, & Laugeois, qui ont fait le ferment; puis font venus ouïr la Meffe en la Chapelle de la Iurifdiction. Aprés laquelle dite, ont efté inftalez au fiege & tenu l'Audience. Ce fait, leur ont efté deliurées les clefs, titres & papiers concernans la Iurifdiction.

M. DC. LVIII.

1658. POVR l'élection d'vn Iuge & quatre Confuls des Marchands pour l'année 1658. a efté procedé par les

ſieurs Bachelier, Villain, Tronchot, de Faucroîles &
Laugeois, le Mardy 29. iour de Ianuier audit an 1658.
en la forme des années precedentes.

Et ont eſté Scrutateurs de cette élection les ſieurs
Eſtienne Regnault Marchand Apoticaire , & *Iacques
Porcher* Marchand Drapier, qui ont trouué par leur
Scrutin eſtre demeuré pour

I V G E

Sire DENYS PICHON, Bourgeois de Paris, du
corps de la Mercerie, & l'vn des Directeurs de l'Hô-
pital General de cette ville de Paris, demeurant ruë
Mauuaiſe Parole, pour auoir eu toutes les voix.

Et dautant que les ſieurs Michel Oulry, Pierre Tiuille, Marc Heron, & Claude Pulleu auroient eu chacun trente-cinq voix, a eſté aduiſé par la Compagnie,
que leurs noms feroient mis chacun par vn billet fe-
paré dans vne toque, & que le premier qui en feroit
tiré par le ſieur Bachelier, demeureroit pour premier
Conſul; le ſecond qui feroit tiré par le ſieur Villain,
demeureroit pour ſecond Conſul; le troiſiéme par le
ſieur Tronchot, demeureroit pour troiſiéme Conſul; & le quatriéme qui feroit tiré par le ſieur de Faucrolles, pour quatriéme Conſul: ce qui auroit eſté
fait. Et partant demeuré pour

I. C O N S V L

Sire MICHEL OVLRY, Marchand Drapier Bourgeois
de Paris, demeurant ruë de la Truanderie, pour

I I. C O N S V L

Sire PIERRE TIVILLE, Marchand Bonnetier
Bourgeois de cette ville de Paris, demeurant ruë Planche Mibray, pour

III. CONSVL

Sire MARC HERON l'aifné, Marchand Apoticaire & Efpicier, Bourgeois de Paris, demeurant ruë des Lauandieres, pour

IV. CONSVL

Sire CLAVDE PVLLEV, Marchand Bourgeois de Paris, du corps de la Mercerie, demeurant ruë de la Vieille Monnoye.

Et le Mercredy 30. iour de Ianuier audit an 1658. lefdits fieurs Bachelier, Villain, Tronchot, de Fauerolles, & Laugeois ont prefenté à la Cour lefdits fieurs Pichon, Oulry, Tiuille, Heron, & Pulleu, qui ont fait le ferment; puis font venus ouïr la Meffe en la Chapelle de la Iurifdiction. Ce fait ont efté inftalez à l'Audience.

A l'iffuë de laquelle Audience lefdits anciens ont mis és mains defdits fieurs Pichon, Oulry, Tiuille, Heron, & Pulleu, les papiers & titres de la Iurifdiction & Greffe d'icelle, eftans dans le coffre, duquel leur ont efté baillées les clefs qu'ils auoient defdits titres & papiers, le tout fuiuant l'Inuentaire qui en a efté fait.

M. DC. LIX.

1659. POVR l'élection d'vn Iuge & quatre Confuls des Marchands pour l'année 1659. a efté procedé par les fieurs Pichon, Oulry, Tiuille, Heron, & Pulleu, le Ieudy trentiéme iour de Ianuier audit an 1659. en la forme des années precedentes.

Et ont efté Scrutateurs de cette élection les fieurs *Nicolas Souplet* Marchand Apoticaire, & *Iacques le Noir* ancien Conful, qui ont trouué par leur Scrutin eftre demeuré pour

IVGE

Sire IEAN LE MARCHANT, Bourgeois de Paris, du corps de la Bonneterie, & l'vn des Directeurs de l'Hospital General de cettedite Ville, demeurant ruë saint Iacques de la Boucherie, pour auoir eu toutes les voix à Iuge.

I. CONSVL

Noble homme IEAN LE VIEVX, Bourgeois & Escheuin de cette ville de Paris, du corps de la Draperie, demeurant ruë Mauuaise Parole, pour auoir eu 35. voix.

II. CONSVL

Sire CHARLES HELYOT l'aisné, Marchand Bourgeois de Paris, du corps de la Mercerie, demeurant sur le Pont Nostre-Dame, pour auoir eu 34. voix.

III. CONSVL

Sire IACQVES PLANSON, Marchand Bourgeois, & l'vn des Quarteniers de cette ville de Paris, du corps de l'Espicerie, demeurant ruë de la Cossonnerie au Griffon d'or, pour auoir eu 32. voix.

IV. CONSVL

Sire PIERRE PICQVET, Marchand de bois, Bourgeois de Paris, demeurant ruë de la Tisseranderie, pour auoir eu 26. voix.

Et le Vendredy trente & vniéme & dernier iour de Ianuier 1659. lesdits sieurs Pichon, Oulry, Tiuille, Heron, & Pulleu ont presenté à la Cour lesdits sieurs le Marchant, le Vieux, Helyot, Planson, & Picquet, qui ont fait le serment : puis sont venus ouïr la Messe en la Chapelle de la Iurisdiction. Ce fait ont esté installez à l'Audience.

A l'iſſuë de laquelle Audience, leſdits anciens ont mis és mains deſdits ſieurs le Marchant, le Vieux, Helyot, Planſon & Picquet, les papiers & titres de la Iuriſdiction & Greffe d'icelle, eſtans dans le coffre, duquel leur ont eſté baillées les clefs qu'ils auoient deſdits titres & papiers, le tout ſuiuant l'Inuentaire qui en a eſté fait,

Suite de l'année M. DC. LIX.

LE decés eſtant aduenu du ſieur Pierre Picquet, leſdits ſieurs le Marchant, le Vieux, Helyot & Planſon auroient le Ieudy 27. iour de Mars 1659. fait aſſemblée des anciens Iuges & Conſuls, & des Maiſtres & Gardes des ſix Corps des Marchands, pour proceder à l'élection d'vn quatriéme Conſul, à la place dudit ſieur Picquet.

Et auroient eſté Scrutateurs de cette élection les Sires *Iean Manſon* Marchand Pelletier, & l'vn des Gardes de la marchandiſe de Pelterie, & *Philippes Rouſſeau* Marchand Orfeure, & l'vn des Gardes de la marchandiſe d'Orfeuerie, qui ont trouué par leur Scrutin eſtre demeuré pour

IV. CONSVL

Noble homme PHILIPPES GERVAIS, Bourgeois, Conſeiller & ancien Eſcheuin de cette ville de Paris, demeurant ruë Mont-orgueil, proche la pointe S. Euſtache, pour auoir eu toutes les voix à Conſul.

Et le Vendredy 28. iour de Mars audit an, leſdits ſieurs le Marchant, le Vieux, Helyot & Planſon, auroient preſenté à la Cour ledit ſieur Geruais, qui a fait le ſerment, & ledit iour a eſté inſtalé au ſiege en la maniere accouſtumée.

M. DC. LX.

M. DC. LX.

POVR l'élection d'vn Iuge & quatre Confuls des 1660.
Marchands pour l'année 1660. a efté procedé par les
fieurs le Marchant, le Vieux, Hellyot, Planſſon &
Geruais, le Ieudy 29. iour de Ianuier 1660. en la forme
des années precedentes.

Et ont efté Scrutateurs de cette élection les fires *Robert
Ballard* ancien Conful, & *Philippes Bourdet* Marchand,
qui ont trouué pour leur Scrutin eftre demeuré pour

I V G E

Sire IACQVES BARBIER Bourgeois de Paris, du
corps de l'Efpicerie, demeurant ruë S. Denis au petit
cerf, pour auoir eu toutes les voix.

I. CONSVL

Noble homme NICOLAS BODEQVIN Confeil-
ler & Efcheuin de cette ville de Paris, du corps de la
Draperie, demeurant ruë S. Honoré, pour auoir eu
4. voix.

Et dautant que les fieurs Denis Beguin & Mathurin
de Moncheny auoient eu chacun 33. voix, a efté auifé
par la Compagnie que leurs noms feroient mis chacun
en vn billet dans vne toque, & que le premier qui feroit tiré par ledit fieur le Marchant, demeureroit pour
deuxiéme Conful, & l'autre pour troifiéme ; ce qui
auroit efté fait, & ledit fieur Beguin tiré le premier,
& partant demeuré pour

I I. CONSVL

Sire DENIS BEGVIN Bourgeois de Paris, du corps
de la Mercerie, demeurant ruë S. Denis proche fainte
Opportune, pour auoir eu 33. voix.

III. CONSVL

Noble homme MATHVRIN DE MONCHENY Bourgeois & ancien Eſcheuin de la ville de Paris, du corps de l'Apoticairie & Eſpicerie, demeurant aux Marais du Temple , proche les Petits Capucins , ruë de Poiƈtou, pour auoir eu 33. voix.

IV. CONSVL

Sire IACQVES COTTART Marchand Orfeure, Bourgeois de Paris , demeurant proche S. Leufroy, pour auoir eu 33. voix.

Et le Vendredy trentiéme & penultieme iour de Ianuier 1660. leſdits ſieurs le Marchant, le Vieux , Hellyot, Planſſon & Geruais ont preſenté à la Cour leſdits ſieurs Barbier, Bodequin, Beguin, Moncheny & Cottart, qui ont fait le ſerment; puis ſont venus entendre la Meſſe en la Chapelle de la Iuriſdiƈtion Conſulaire : ce fait & icelle dite , ont eſté inſtalez au ſiege, & tenus l'audience en la maniere accouſtumée.

A l'iſſuë de laquelle Audience leſdits ſieurs anciens Conſuls ont mis entré les mains deſdits ſieurs nouueaux élcus les titres & pieces concernans la Iuriſdiƈtion & Greffe d'icelle , eſtans dans le coffre fort, duquel leur ont eſté baillées les clefs, & autres clefs qu'ils auoient , leſdits titres & papiers , ſuiuant l'inuentaire qui en a eſté cy-deuant fait.